改变，从心开始

立 品 图 书 · 自觉 · 觉他
www.tobebooks.net
出 品

无神论

——穿越两千年的混沌与矛盾

[日] 竹下节子　著

于　雷　译

中国友谊出版公司

图书在版编目（ＣＩＰ）数据

无神论：穿越两千年的混沌与矛盾 ／（日）竹下节子著；于雷译. -- 北京：中国友谊出版公司，2015.11
ISBN 978-7-5057-3629-0

Ⅰ．①无… Ⅱ．①竹… ②于… Ⅲ．①无神论－研究 Ⅳ．① B91

中国版本图书馆 CIP 数据核字（2015）第 272580 号
版权登记号：图字：01-2015-6673

MUSHINRON-NISENNEN NO KONTON TO SOUKOKU O KOETE
BY SETSUKO TAKESHITA
Copyright ©2010 by SETSUKO TAKESHITA
Original Japanese edition published by CHUOKORON-SHINSHA,INC.
All rights reserved.
Chinese (in Simplified character only) translation copyright ©2014 by
Beijing Liping Publishing Co.,Ltd.
Chinese (in Simplified character only) translation rights arranged
with CHUOKORON-SHINSHA,INC.through Bardon-Chinese Media
Agency,Taipei.

书名	无神论：穿越两千年的混沌与矛盾
作者	［日］竹下节子
译者	于雷
出版	中国友谊出版公司
发行	中国友谊出版公司
经销	新华书店
印刷	三河市华晨印务有限公司
规格	787×1092 毫米　16 开
	17.5 印张　150 千字
版次	2016 年 5 月第 1 版
印次	2016 年 5 月第 1 次印刷
书号	ISBN 978-7-5057-3629-0
定价	45.00 元
地址	北京市朝阳区西坝河南里 17 号楼
邮编	100028
电话	（010）64668676

目录

相信神的人会像不相信神的人一样热心地思考神的不存在吗?

——让·罗斯丹（1894 年 ~ 1977 年）

《生物学家的随想》（1954 年）

序言

　　作为土生土长的正常的日本人，我第一次接触到"无神论"词汇，是在 14 岁接触法国的西蒙娜·德·波伏娃（1908 年～ 1986 年）的自传《少女时代》一书中。在天主教系统的私立女子学校中接受教育的波伏娃女士，在学习哲学、读书、交友过程中意识到了自己所接受的宗教教育的蒙昧，某日，她突然领悟到"神的不存在"。在那以后，一说到神，我对祂的印象就是天主教系统的寄宿学校出身中产阶级的子弟进入大学时，突然有了在神秘体验中与神相遇那样的感觉，像遭到雷击一样一下子顿悟到"神啊神……是并不存在的"。那是一种打击以及如被遗留到孤岛上的绝对孤独，但是，不知从哪里吹来了风，云散、雾尽，耀眼的光明、自由以及不受任何事物所规定的自我展现出来……与神相遇的体验和失去神的体验是相类似的。

但是，实际上，因"信仰什么样的神"的不同，失去神的体验也发生着变化。

正常的日本人，在绝望、失望、自弃时，会产生如"哎，神啊、佛啊，那都不存在"那样的体验。而对于萨特那样的新教家庭出身的人，也许会从良心的压力中获得解放，感觉"一直监视着我的上天的监视器全都是假的"。而如果是波伏娃，也许会觉得"赋予对我说要做贤妻良母的修女们权威的神并不存在"。

关于日本人的无神论体验的印象，在我记忆中有名的是福泽渝吉的《福翁自传》中的轶事，福泽渝吉的少年时代曾用脚践踏写着神的名字的符纸以试验是否会降临神罚，还曾替换或扔掉稻荷神社的神体。非要定性的话，这就是不信仰的内容。宫本武藏在前往一乘寺松树下决斗途中经过八幡神面前时，欲要参拜又中止了参拜，说"我不求神佛"，这个故事的内容与其说是不信仰，不如说是弱者依靠他力、强者依靠自力，不能看作是对神的否定。

日本人明确讲的无神论，如明治维新中与成为新教信徒的友人进行议论的大学生，以及据马克思主义唯物论所展开之物，好像所遵循的是基督教无神论的源流。另外，从将佛教理解为唯物论无神论的基督教观点出发，将神佛当作"权益办法"，对通往基督教神秘主义的"绝对的无"进行观想的哲学思想中也可以一窥。实际上，埃克哈特所阐述的，"应该去爱作为非—神、非—人格、非—影像的神"，永远埋头于所有的脱离二元性的纯粹绝对的"一"的内部的无的言论，与其说是无神论，不如说是"无＝神"论，与生活实感距离甚远。

其后，虽然比较着东西方的神秘思想，对绝对、对超越的把握方式的微妙之处感到佩服，但是我个人并未真实感知过无神论。虽然原本就没有相信不合理的迷信，但与多数的同胞一样，从过去就有着"在困难时依赖神"的心理倾向，绝没有想到"神不存在"这样的命题的确立方法。如果一定要选择的话，我也许属于不可知论。关于神的各种各样的言论的真伪，原本在这个世界上就无法验证。如果面对依靠自己的力量无能为力的困难的事态，则会形成"虽然不行还是要试试，能行最好"而去祈求帮助试试的心态。

但是，某一时刻，会忽然产生"如果神不存在的话"这样的假定心理，即 21 世纪初父亲去世之后，我从那种之前的含糊的对神的依赖，无意间产生了在遇到困难时想向"现在与神处于同样的彼岸世界"的父亲祈愿的习惯的时候。

如果父亲的灵魂不听我的心声，如果灵魂等不存在，不，如果作为祈求对象的灵魂呀神佛呀一切都不存在的话……

那么，从幼年时候起每当陷入困境或有担心的事情时就会说"神啊求你了"的自己又是什么呢？在各处的深山、寺院、教会，看着星星赏着月亮，被某种彼岸的风所吹拂着、联系着的那种心境，难道都是错觉吗？这样一想，会突然因为现实的空虚而后背发冷。这时才第一次沉甸甸地真实感觉到无神论的想法所带来的无法补救的沉重。

如果用一个词来说基督教无神论的想法的话，那就是"对立"。总体而言，在日本，无论是有参加高考的学生的家庭去神社供奉祈求合格的匾额，还是人们向保佑婚姻、生子、安产的神佛祈愿，其都被当作景物一样被理解。也许也会有不相信的人，但听不到诸如"这样的神或佛不存在，全部是迷信"这样积极的声音。而在基督教世界的历史中，则会经常听到这样的声音。这是因为，基督教本身不断以排除异端的形式来丰富教义。在基督教历史上，对异端的执拗的批判，大大巩固着正统思想。不过，并非是发展。神学的本质在初期就已确立起来了。

基督教，特别是哺育了无神论的罗马天主教世界的正统思想，其有成为被宣告为异端的教义或主张的底版的倾向，所以，异端增加多少，其也会相应增大多少。瑞士作家德尼·德·鲁热蒙（1906年～1985年）称，与此相比较，东方的宗教，例如印度教的圣典《薄伽梵歌》的思想，不断吸引着人们所想到的新的礼拜形式。所有的道路都通往神。但是，它溶解于相对主义之中，引导着寻求真理之心。在欧洲，基督教的所有的道路都必须通往罗马。新教就这样地将变得复杂的教义体系单纯化，废除了抨击异端的基准，但在排他的同时遵守自己的基准方面，什么都没改变。

无论什么样文化的神的周围都会产生不信仰之辈，基督教的神的周围也是如此。只有基督教的神，孕育了无神论者，为无神论的结构所守护，使自己持续存在。相反而言，正是权威主义的一统主义，产生了异质的思想，产生创造性的紧张感。神的宠爱与人的自由意志的悖论，带来了历史的动力。

另外，连打算具有"普通的日本人的感受性"的人，也都品尝了禁果。就我而言，已经无法奉还在基督教的世界为众人所意识化的自由意志。"无神论"的问题是，已经和基督教的自由意志的问题组合在了一起。

在深受埃及、巴比伦影响的同时，因"神以人的形式出现"开始了一次性人生，从而与主张劫难轮回的古代巫术世界诀别并诞生于巴勒斯坦的基督教，以希腊哲学的辩证法的最佳部分以及罗马帝国秩序的最佳部分为食粮，形成了欧洲，使近代世界出现。依据近代的自我而进行思考的我，无疑是处于其延长线上。为了在这个世界继续思考下去，必须从无神论这个舞台背后再次注视成为历史原动力的形而上的世界。本书会成为最初的这种尝试吧。

前言

无神论非常适合于法国这个国家。无神论成为这个国家的近代化的推动力，创造了欧洲政教分离的基础，甚至形成了巴黎这个城市的景观。巴黎一年到头挤满了观光客，但来自全世界的观光客们了解这个城市围绕着"神"所展开的激烈斗争的历史吗？

"花都"巴黎最吸引观光客的建筑是西岱岛的巴黎圣母院，其次是矗立在蒙马特高地由石灰华岩建成的圣心堂（据 2006 年调查）。两者现在都是为天主教会所使用的教堂，但建筑物为国家财产，允许免费进入。需要门票的建筑物中最有人气的是埃菲尔铁塔（在人数上卢浮宫美术馆要超过埃菲尔铁塔，但卢浮宫规定 18 岁以下者每天、26 岁以下者在周五傍晚、所有人在每月的第一个星期日或革命纪念日等免费进入）。

说起巴黎圣母院，它是通过雨果的《巴黎圣母院》或音乐剧而为日本人熟知的带有浓厚中世纪味道的哥特式建筑。但是，很少有人会意识到，在无神论暴风雨呼啸的 19 世纪末，在投靠于神的精神与拒绝投靠于神并倾向于科学进步主义的精神之间的相互斗争中，圣心堂与埃菲尔铁塔是两者斗争的产物。

事情的发端是 1871 年对普鲁士王国的普法战争的失败以及紧接其后的对巴黎公社的镇压。提起法国，其会被认为是 18 世纪末欧洲近代革命之先驱的国家，但实际上，法国其后重复着拿破仑、拿破仑三世的帝政与波旁保王党、奥尔良保王党的复辟王权，旧势力依然强大，通往共和制的道路并不平坦。直到 19 世纪末的第三共和国（今天是第五共和国）政权建立之后，马赛曲被定为国歌，法国革命的理念才重新作为国家的共识而稳定下来。

但是，普法战争的失败与对巴黎公社的镇压，成为法国国内的心理创伤，单单靠对法国革命理念的恢复并不能使之治愈。1873 年 7 月，国民议会为了追悼普法战争与巴黎公社的牺牲者并进行赎罪，决定建立圣心堂，同时筹集款项。这时，否定罗马教皇权力的反教权主义已经获得优势，但第三共和国政权认为需要一个由法国人所建立的为了法国人的"圣地"。圣心堂在 1914 年建成，但从建设过程中就不断有朝圣者到访，基本上即使到了今天仍然延续着。

针对面对战败与死亡时民众所表现出的求助于"神"或"祈祷"的动向，"无神论"阵营进行了激烈的反对，甚至出现了巨大的魔鬼覆盖圣心堂的讽刺性漫画。这时，展现出比蒙马特高地上所矗立的圣心堂还要高的身姿的是埃菲尔铁塔。埃菲尔铁塔是 1889 年为纪念法国革命一百周年所举办的巴黎万国博览会上的主要建筑物的一部分。那之前的美国万国博览会亦曾计划建立高塔，但未能实现。在巴黎建造非宗教的（不仅如此，1925年甚至成为作为技术象征的雪铁龙汽车公司的广告塔）、使用先进技术的巨大的纪念物，对于无神论者阵营来说，就是对高地上所建立的作为宗教与蒙昧象征的新拜占庭式大教堂的圆屋顶的挑战。

象征共和国的赤蓝白三色光线，从埃菲尔铁塔上照耀着巴黎。这也是与法国革命推崇理性女神相类似的理性与进步的殿堂。

奠定欧洲的基础的是罗马天主教。在整个中世纪，罗马教皇也是封建领主之一，与各国的世俗权力者们争夺着霸权。虽然其是文化的温床，但同时也是政治的道具，以及攻击与镇压的体系。对内进行异端审判，对外支持着十字军与帝国主义，创造着历史。结果，所谓人类的宗教的历史，通常会与偶像崇拜的历史重叠在一起。

两千年以前，将被关闭在神殿中的犹太教之神解放出来的耶稣的基督教，被罗马帝国称之为"无神论"，遭到非议。在16世纪的欧洲，为了解放被封闭于巨大的教会组织之中的天主教之神，诞生了新教诸派，"新教"与"旧教"之间相互咒骂对方为"无神论者"。17世纪，诞生了自由思想者，理神论者登场。所谓理神论者是指虽然将神当作世界的创造者，但不承认其人格的存在，对奇迹、预言、神启等持否定立场的人。与创造天地之后将独生子耶稣派到人间进行牺牲的神不同，又诞生了创造天地之后决定不对被创造物进行干涉的神，以及作为宇宙伟大设计师的神。还有如现代的基督教福音派所主张创造的"大型设计"的神。另外，对各个"神"，各个"无神论者"进行了挑战。即使今天，挑战仍然在继续。基督教世界的神与无神论如同光与影一样组合在一起。如果不观察其间的对抗，就无法理解历史。如果不互相观察映在对方镜子中的自己的形象，就无法了解相互的真正的形象。

基督教文化圈中，在长时间里这两个阵营间相互忌避、相互无视，所以，无论某一方说什么，由于未说的另一方从背后所发出声音，导致所说的话失去光泽。只要基督教文化圈的思想未统一"基督教无神论"这个碎片，则无论怎么样主张近代理念，都会留有脆弱性。该脆弱性，由相对化这个后现代的精神而被变得暧昧。但是，当发端于基督教文化圈的近代社会成为地球的标准、全球化取得进展之时，令人啼笑皆非的是，以伊斯兰世界为首的政教一体的宗教思想侵入了进来。20 世纪以后，"移居"于欧洲的伊斯兰教之神，并无无神论的影子。对已经正在失去宗教与无神论相对抗的技巧的基督教文化圈来说，这成为意想不到的威胁。

大规模杀伤性武器的出现与环境破坏所带来的科学进步主义神话的破灭，再加上面对伊斯兰教原教旨主义的威胁，并未在真正意义上实现神与无神论的统一的欧美基督教文化圈诸国，开始呈现分裂状况。极端宗教的兴隆、基督教原教旨主义的抬头、无伦理的弱肉强食的新自由主义与拜金主义的蔓延等等，神与无神论正走向两极化，并处于混乱之中。

说到将该战斗单纯地看作是"一神教伙伴之间的战斗"等的日

本，其也与伊斯兰教一样，属原本就没有无神论影子的文化。没有神与无神论的对立，日本就闯入后现代的相对化的混沌之中。所以，日本无法组织外交的语言。在绝对王权之下启蒙主义开花结果、成为欧美最彻底的无神论与政教分离舞台的法国，真的可以期待统一宗教与无神论，并将世界引导向多极主义的和平共存的智慧吗？被作为偶像封闭于意识形态、物质主义、权力斗争中的神，再一次被解放的时候会来临吧？

如果不了解基督教无神论，就既无法了解基督教，也无法真正了解基督教所产生的近代理念及其变形。了解无神论，就是了解神。所谓无神论就是对神的执念。这是对总是在思考"过去与未来"的人的洞察，是对存在的意义的挑战，也是探索生活方式的哲学。

在今天这个仍有埃菲尔铁塔与圣心堂吸引着观光客的国度，我梦想着无神论从神那里与神从无神论那里被相互解放出来，成为世界和平的力量的那一天，构想了本书。在这里，无神论与神一样被广泛谈及，所以，介绍其全貌当然是不可能的。这里首先去探寻位于创造了不管好与坏总之被当作现代文明标准的"西洋近代"的欧洲无神论谱系，进而为了能让其立体地呈现出来而尝试聚焦于若干个题目。无论在什么时代，正是真正的无神论的感性，才将神导向普遍，将人引向无限的高度，让永恒与有限和解。

第一部 / 无神论的历史

希腊、罗马世界的无神论

希腊哲学的诞生

公元前 4 世纪到公元 5 世纪，在希腊的城邦国家中，第一次诞生了与希腊的神话世界保持距离的作为非宗教的思考的"哲学"。但是，当时的城邦国家可以说是处于国家与守护神之间的契约关系，"哲学家"们本身同时也是城邦国家的公民，所以，即使其对自然、社会、人的本性及其生活方式进行了深入的非宗教思考，也并不会就直接成为"无神论"。后来孕育了西洋近代的"基督教无神论"，是通过内在于基督教这种特殊的普遍性宗教的自我批判装置、自体中毒或自净作用而显露出来的，在希腊世界，这种意义上的无神论则无法发育起来。即便如此，哲学家的非宗教思考，有时会威胁到与神有着深刻关系的社会秩序，甚至成为定罪的对象。

不过，在基督教出现的公元 1 世纪，在希腊、罗马的知识阶层之间，已经发展起相当牢固的非宗教的科学意识，其具有与近代西洋相匹敌的实证精神和批判精神。虽然如此，基督教还是在这样的理智世界中扎下了根，在公元 4 世纪成为罗马帝国的国教之后，不但使希腊的科学精神枯萎，还使欧洲陷入了长达千年的被称为"黑暗的中世纪"的宗教蒙昧主义之中，其原因究竟何在呢？

而该问题又与下面的问题直接相关，即，为什么西洋近代能够通过经历内在于基督教以及由基督教孕育出的基督教无神论实现自我"启蒙"，而希腊、罗马世界的科学主义却最终未能超越多神教呢？

苏格拉底之死

苏格拉底（公元前 469 年左右～前 399 年）因不相信国家所承认的神，试图引进新的神性〔神灵、神鬼、精灵（Daimon）〕而被定罪。再加上"腐蚀青年思想之罪"，其被迫饮下毒堇汁，但其还称不上所谓的无神论者。阿里斯托芬（公元前 446 年左右～前 385 年左右）的喜剧《云》（公元前 423 年首次上演）中的苏格拉底做出了"神不在的证明"。苏格拉底断言道，除了太阳之女精灵之外，其他说法都是胡说八道；而当其被问到"那么，奥林匹斯的宙斯不存在吗"这个问题时，他断言道："宙斯并不存在。"在这里，作为"宙斯不在的证明"，他采取了以"科学"来否定"掌管自然之神"的存在证明的方法。即"科学"认为，并不是宙斯降雨，而是云在降雨，雷也是自然现象。

该"科学主义"，是诡辩家们将埃及、美索不达米亚的古代自然科学带到希腊周边的城市而传播开来之物。苏格拉底也因此被描绘为玩弄诡辩术的近似于诡辩家的人物。实际上，指出太阳是火的阿那克萨戈拉（公元前 500 年左右～前 428 年左右）被告发为亵渎太阳神阿波罗；而曾讲过人是万物的尺度、不可能知晓神是否存在以及神长什么样子的普罗泰戈拉（公元前 500 年左右～前 430 年左右）所主张的"不可知论"（认为神的存在依靠人的智慧无法证明）也被告发为"无神论者＝无信仰之心者"，其关于神的著作（公元前 415

年）被焚毁，其本人也被从雅典放逐。

诡辩家们

古代自然科学并不是从一开始就被视为威胁了希腊的城邦国家的危险思想。在公元前 5 世纪之前，无论是泰勒斯（公元前 624 年左右～前 546 年左右）还是德谟克里特（公元前 460 年左右～前 370 年左右），并未因宗教问题惹来麻烦。诸神存在于当时社会的各个角落，并与巫术结合在一起，这种状况与其说是如后来的基督教那样的"信仰"，不如说其更近似于一种"实用"的范畴，从"信仰"角度而言，反而更接近于无神论的状况。这些并没有妨碍"科学家"们通过观察天体的运动、地震的原因等以建立自己的假说。在德谟克里特的原子论中，他认为灵魂是火的元素的一种，人的感情和思考是原子向外发散作用于身体和灵魂的产物，所谓诸神，就是自然现象作用于人类精神之结果。他通过将宙斯说成是火、将赫拉说成是空气等这样的象征性的说明，使科学与神共存在一起。公元前 5 世纪的剧作家欧里庇德斯（公元前 480 年左右～公元前 406 年左右）在其作品中曾经写道"无论宙斯是何物"，这也显示了当时已经存在"相对诸神的自由"。

不过，雅典的政治状况，面对公元前 431 年爆发的伯罗奔尼撒战争，发生了巨大的变化。国家，在出现外敌时，就会强化通过宗教所进行的束缚。因此，公元前 432 年时雅典诞生了对不信仰国家所认定的诸神的人进行处罚的条例。原本希腊的诸神并非属于那种全能的超越的神，而是与自然结合为一体，所以，以该条例为分界，在那之后，对自然现象进行科学性说明本身被视为是对神秘进行玷辱的"无信仰＝冒渎神"。这样，诡辩家们就成为最初的"无神论者"。

提起苏格拉底，其未必被认为是阿里斯托芬所描绘的那种带有诡辩家风格的无神论者。色诺芬（公元前 428 年左右～前 354 年左右）所著的《回忆苏格拉底》中将其描述为能够听到半神半身（神附体）之精灵的声音的神灵附体的宗教家；而柏拉图（公元前 429 年左右～前 347 年）在其所著的《对话篇》中描述了苏格拉底作为神秘主义者的一面与怀疑论者的一面，在《苏格拉底的申辩》中描述了苏格拉底作为不可知论者的一面。《苏格拉底的申辩》中讲：地狱以及死后的世界对人来说是无法知晓的，而连了解自己本身的时间和能力都不具备的人类，就更没法去谈论诸神以及神话等的事情。

柏拉图的无神论

抛开这种微妙的差异不谈，在公元前 4 世纪初的希腊，"无神论者"的数量好像越来越多。无神论者的增多，不单单是起因于那种认为世界的现象都是自然与偶然的结果，已经不需要诸神的"科学"观的普及，而是来自于一种批判的立场的无神论。这种批判立场认为，神话中所看到的奥林匹斯的众神连自己的欲望和热情都无法控制，更何谈以众神作为人的行为规范标准。

而对上述无神论者的批评的微妙语气也同样发生着变化。对后来的欧洲的思想给予了最大影响的柏拉图，是从其他角度对此前因否定城邦国家的守护神而遭到"反城邦国家的（罪名）"批判的"无神论者"进行了批评。也就是说，柏拉图并没有从社会的角度，而是开始从形而上学的、伦理学的角度进行抨击。在《法律》第十卷中他展开了看法，认为无神论者是危险的，在思想和精神等的高贵性方面进行比较的话，无神论是卑俗和粗野的。也正因为此，有人对柏拉图批评说，是他建立了欧洲在以后长达两千年的时间里对无神论者进行蔑视和歧视的基础。

柏拉图所说的无神论有三种：不相信诸神的存在；认为诸神虽然存在，但对人类并不关心；相信那些可以通过巫术、祈祷、献祭，按照人的实用要求进行交易的诸神。因为对于柏拉图而言，神是应该保证人的道德的存在。

认为"诸神虽然存在，但对人类并不关心"这样类型的无神论的代表是伊壁鸠鲁（公元前341年左右～前270年）所倡导的伊壁鸠鲁主义。在西欧社会，他在长时间里被当作是"无神论＝不道德＝物质主义"的代名词。他认为，神是由特别精致的原子所构成的物质性的存在，美丽幸福地生活着，对人类的生活等不知晓也不关心。

斯多葛学派的诸神

在希腊，这种无神论的倾向伴随着城邦国家的衰落与终结（公元前330年马其顿的亚历山大大帝完成了古代世界的统一）而变强。与国家宗教消失的同时，奥林匹斯的诸神的存在感也变得淡薄，人们对神的不关心情绪蔓延开来。在君主间则出现了将自身神格化以取代看不见的神的倾向。其结果，增加起来的是个人的信仰、怀疑主义、神秘主义、泛神论的斯多葛哲学（以斯多葛学派的宇宙秩序为基础的泛神论＝泛神主义）等等。对诡辩家们而言，人是一切的基准，所谓神就是弱小的人为了维持自身的道德而创造出来的实施惩罚者。这种情况已经与西洋近代的"无神论"发展的时代相类似，令人惊讶。在公元前 4 世纪末的雅典，"无神论"已经不再是被定罪的对象。无神论哲学家在城市内可自由进行说教。亚里士多德（公元前 384 年左右～前 322 年）的见解也被广泛接受，他认为，宇宙的最初的原动力是神，但自然是非创造的、物质的。

对神话的合理解释也开始进行。对大多数的斯多葛学派哲学家而言，诸神被认为是人类的英雄或对社会做出贡献者被神格化的产物。

作为欧赫迈罗斯主义的创始人而闻名的欧赫迈罗斯（？～公元前 260 年左右）著有《圣史》一书，他做出说明，宙斯是在克里特岛死去的贤王，而维纳斯则是塞浦路斯的艺妓等等。2 世纪末左右的希腊的怀疑论哲学家塞克斯都·恩披里柯将欧赫迈罗斯作为"无神论者"进行了解说，并进一步展开其观点指出，在人类无知的时代，力量或智慧卓越者们为了对人进行支配而将自身进行了神格化。

很有意思的是，该欧赫迈罗斯主义学说被早期的基督教护教者们作为否定罗马的宗教的方法而使用。这样一来，基督教被告发为无神论者也没什么不可思议的了。后来的 13 世纪的冰岛的基督教徒、神话作家斯图拉松（1179 年～ 1241 年）在讲述古代斯堪的纳维亚的诸神时，也使用了与欧赫迈罗斯相同的方法，以避免基督教信仰与多神教相碰撞。宗教书籍的该非神话化方法，不久在基督教内部，也被作为圣经书籍的非神话化阅读方法而继承下来。

泛神论

但是，古代的无神论并未能以后世的基督教无神论那样的形式取得发展。这是因为其并不属于一神教的无神论，而是以泛神论为背景的。斯多葛学派的泛神论，其本身属于理智的、物质主义的。作为其基础的，是与柏拉图式的二元主义不同的希腊的一元论流派。泛神论未树立"神话的人格神"，所以也被称为没有神的宗教性或宗教的无神论，其后，经历了基督教无神论的西洋世界在论述"东洋的"灵性时其被作为了依据，并为新世纪的混合主义（诸教融合）再利用。

泛神论认为神性，是非人格的，是太一；宇宙，是由四大元素（火、水、空气、土）构成的物质性之物，处于循环之中。特别是火属于基本元素，存在于所有地方。所谓诸神，不过是寓意。按照该世界观，人被分为两类，即与"宇宙＝自然"的秩序相一致的"贤者"和反自然的"无神论者"。这样神话式的宗教被否定，出现了认为作为自然的一部分的人也拥有着"火＝神性"的关于圣性的哲学见解。将与自然相一致的人视为神圣的见解，拆除了古代关于圣与俗之间的界限，并与现代的深生态学（原教旨主义、教条主义的生态学）相通。

三万众神

罗马帝国时期，出现了对无神世界进行说明的理论。继承了伊壁鸠鲁学派思想的卢克莱修（公元前94年左右～公元前55年）对那种认为神管理着人、对人死后灵魂进行审判的想法进行了否定，并对宇宙的构成进行了说明。但是，在上述相对主义的时代的科学观取得发展的同时，密特拉（Mithra）、伊西斯（Isis）、奥西里斯（Osiris）、西布莉（Cybele）等起源于东方的各种各样的神祇与奥林匹斯的诸神一起大量传入了罗马。知识分子的无神论与民间信仰混同存在在一起，据说在公元1世纪前后的拉丁世界，神祇的数量达到3万〔据罗马学家瓦罗（公元前116年～前27年）所述〕。西塞罗（公元前106年～前43年）在其著作《论神性》中称，神过于多种多样，确切的则一个也没有。

伟大的潘之死

这样，在罗马帝国时期，诸神作为各种守护神也继续存在，而作为人的皇帝的神格化也被推动着。但是，多神教的泛滥也导致了由神的相对化所造成的内容空洞化，另一方面，数量众多的仪式、典礼以及与之相伴随的献祭，成为人们的巨大负担。基督教的出现正是在这样一个时代。公元33年，"伟大的潘（牧羊神，从斯多葛学派开始，被视为宇宙所有的神）死了"的传说的产生，具有象征意义。这因为19世纪末法国历史学家埃米尔·格布哈特（1839年～1908年）在其著作《钟之声》中则对据说是普鲁塔克（公元46年左右～127年左右）之作的《神谕的历史》进行了描写，并因此为众人所知。在《钟之声》中，亚历山大港的水手托马斯，在一边眺望着阿卡迪亚的山顶，一边航行在希腊南部的厄利斯附近的夜晚，反复传来了三次令人震撼的声音："托马斯，去向罗马皇帝传达这个消息：伟大的潘死了。"后来，听到这个消息的罗马皇帝说道："如果诸神能够灭亡，那么帝国也能够灭亡吧。"皇帝叫来了占星术士，询问其意见。占星术士做了如下回答："诸神可能会死吧。"但是，"神"是永恒的。伊特鲁利亚的神，腓尼基的神，希腊、罗马的诸神也死了。诗人们一边颂扬着他们的生，一边杀死了他们。奥林匹斯不过是死者的巨大墓地。伟大的潘、丰饶的自然、所有的生物之源仍然幸存着。但是，现在传来了他的死。自然变得不再神圣。因为自然不太关心作为其子的人类的痛苦与快乐。时代需要新的王以及使人遵从法律的神。这样，东方所发生的启示暗示着基督时代的到来。罗马皇帝命令托马斯忘掉一切。

基督教的登场

实际情况如何呢？

公元 50 年，保罗（？～公元 65 年左右）在希腊城邦的广场上开始传播基督教时，斯多葛学派、伊壁鸠鲁学派的知识分子们，应该已经厌倦了来自东方的"新宗教"。

实际上，保罗所传道的内容中，对他们而言，充满了"不合理之处"。首先，拿撒勒的耶稣死后"复活"违反了自然法则；其次，"神变成人"这个表现侵犯了"神的绝对性"。光凭这两点，基督教作为不值一提、虚幻无常的新宗教，应该消失。

但是，基督教却推广开来。随着基督教的推广，基督教的"平等"的思想也受到了批判。在公元 2 世纪的科尔苏斯所写的《真言》

（178年左右）中批评道，基督教汇集了属于最卑微的阶层的无知的民众，是对体面的或高贵的人的轻视。基督教徒们甚至称高贵的人为"兄弟姐妹"。他们的信仰的对象是受到最严厉刑罚处罚的一名男子以及树立在祭坛上的木十字架这样的不吉利之死的象征，适合于下贱者、堕落者、犯罪者们。

本来，对于斯多葛学派的哲学家们而言，要想解决人生中实际存在的诸问题，例如人生的无意义性、事情发生的无规律性、肉体的痛苦、死亡的虚无等，只能从由知识精英们反复提炼出来的"哲学智慧"中找到"获得拯救"的途径。而通过信仰在巴勒斯坦像奴隶一样被钉死在十字架上后复活的男子来获得拯救等等，简直是发疯的行为。并且，基督教徒们将该男子的信息特别传达给了由社会的少数派、贫困者所构成的"最劣等的人"。而在作为自然秩序之构成的阶层化社会中，提倡普遍的兄弟之爱，是扰乱秩序的难以被允许的另一个发疯的行为，基督教徒作为人类文明的破坏者，应该给予清除。

对斯多葛学派而言，"发疯"是"不合理"的同义语

他们论述说，基督教教义建立于从历史的、文献的、逻辑的角度上有着矛盾的不合理之物的基础之上，所以不能够接受。对他们而言，"作为神的逻各斯化为肉体"这样的表现首先就是不合理的，进而，肉体复活的教义是将生置于死之上，是不合理的，而神优先拯救贫者和弱小者也是不合理的。

不仅如此。斯多葛学派所做的对基督教的批判中还认为，基督

教所提倡的道德观念，如贞洁、正直、对他人的尊重、相互扶助等等，应面向于哲学家等上层人士，这些对于大众而言是难以做到的。

尽管这样，基督教无论在"大众"阶层中还是在贵族阶层中都在一点点地推广着。与此相伴随，基督教方面，出现了与来自斯多葛学派的批评相对抗的真正的"护教"论者。2世纪的查斯丁、阿特那哥拉、塔提安等，都是从斯多葛学派哲学改宗为基督教者，他们在面对斯多葛学派的抨击而为基督教进行辩护的同时，开始构建基督教教义。他们的希腊语著作，首次以希腊、罗马的哲学的牢固世界所能接受的语言与结构，对基督教进行了布道。2世纪后半期，出现了迦太基的德尔图良（155年左右～220年）的拉丁语的护教论，3世纪又出现了北非亚历山大城的俄利根（184年～252年）。

德尔图良的护教论的要点是，他不仅从希腊哲学，而且从罗马法学中寻找依据。他分析说，基督教可以在罗马法之下与其共存。关于罗马帝国皇帝图拉真（公元53年左右～117年）针对基督教徒的定罪，他批判道，这是无知、偏见、先入之见、相信谎言的迫害；进而，对基督教徒并非是因为违反了既存的法律，而只是因为他是基督教徒就被定罪的不当性进行了控诉。他指出，迫害的理由不是因为犯罪，而只是因为他是基督教徒。另外，他强调说，基督教徒是作为公民而生，道德是高尚的，作为其教义的文本是古老的。他举出了旧约文献比希腊哲学的文献还要古老的事实，指出"对其文献赋予权威，源于其可追溯的古老性"（《护教篇》19-1）。俄利根也指出，罗马的统治是天意，主张帝国与基督教的并存。

对基督教的迫害

那么，实际上，初期的基督教是什么样的宗教呢？又是以什么样的理由遭到迫害呢？了解这个问题，不能脱离开各种各样的社会的、政治的因素。基督教也并不是一直受到迫害。实现对叙利亚亲政，东征至美索不达米亚北部，开创了塞维鲁王朝的罗马皇帝塞普蒂米乌斯·塞维鲁（146 年左右～ 211 年）时期，基督教徒在东方拥有着不小的影响力。但是在位第 10 年时，塞维鲁改变了态度，颁布了对改宗犹太教、基督教者进行严厉惩罚的政令。因为他意识到形成普遍的组织性的宗教社会的基督教徒们有可能成为国家的反对势力。由于该政令的颁布，以亚历山大城为首的非洲的基督教共同体遭受了巨大打击。塞维鲁王朝最后的皇帝亚历山大·塞维鲁对基督教进行了宽容，但是篡夺了其帝位的最初的军人皇帝马克西密努斯·特拉克斯（173 年左右～ 238 年）实施了与之相反的迫害政策。之后的半个世纪，罗马帝国进入了所谓的"三世纪危机"时期。251 年，在拥有金矿的属地达西亚（现在的罗马尼亚），罗马皇帝德基乌斯（200 年左右～ 251 年）在与北方的哥特人战争中败北战死；259 年，与东方的萨珊波斯的埃德萨之战中败北的皇帝瓦勒良（190 年左右～ 260 年）与 7 万军队一起被俘。由于这一系列事件，罗马帝国国力衰退，周边民族大举入侵。对太阳神、伊西斯女神等的信仰蔓延，再加上黑死病的流行，恐慌的人们施行了各种各样的巫术。在这样的背景之下，基督教因为其并不施行魔法，则成为一种相对合理的宗教。

但是，在"国家危机"的状况之下，"民族净化"的狂热兴起，基督教徒成为危机的替罪羊。对基督教进行最初的系统迫害的是皇帝德克乌斯。不持有向罗马守护神献祭证明书的人将受到拷问。其目的是使拒绝向守护神提供祭品的基督教徒暴露出来，但是，也发生过两名西班牙教士等使用贿赂获得证明书的例子。对基督教徒的迫害在其后也曾一度停止，但由于社会舆论认为黑死病的流行原因在于基督教徒，这导致了对基督教徒的迫害再次开始。皇帝瓦勒良时期，还曾发生了以没收富裕的基督教徒的财产为目的的迫害。

基督教徒遭受到各种不同程度的迫害。对于为政者而言，基督教徒的那种"只有相信耶稣才能得救"的认识妨碍了对中央集权的回归，而对普通民众而言，其认为基督教的无神论会引来诸神的愤怒。基督教徒被与快乐主义者混同在一起，共同作为无神论者受到忌避。另外，斯多葛学派的知识分子们，将基督教批评为玷污了宇宙逻各斯的神这个理念的不合理的启示。

普遍的无神论的萌芽

如果从无神论的角度重新论述的话，可以认为，犹太教＝基督教这个一神教的登场本身，就包含着古代所没有的新的无神论。

如我们已经看到的那样，在古代希腊、罗马世界，在某种意义上，已经发展起相当接近于"近代"的无神论以及怀疑主义。但是，无论是哪种怀疑派，都笼统地认为自己拥有信仰。被称为最早的怀疑主义哲学家皮浪（公元前360年左右～前270年左右）在记述塞克斯都·恩披里柯（经验主义者塞克斯都）的《皮浪学说要旨》（16

世纪被译为拉丁语，对近代怀疑主义也产生了影响）中称，怀疑主义本身正是真的信仰之心的证据。因为其未把神限定于人所做出的定义或教义之界限之内。这是不可知论的先驱，也是近代怀疑主义的先驱。

古代的无神论没有能够逃离没有信仰之心的标签。或者其将与人同一类型的神非人格化、抽象化，将神赶到对人不进行干涉的范畴之内。直到一神教类型的普遍性宗教诞生之前，并未出现普遍的无神论。基督教无神论是萌芽于基督教，并与基督教一起成长起来的普遍性宗教的一个侧面。

从最初就有批判指出，一神教就是无神论。这并不单单是因为基督教徒们对既存的诸神不献祭供品以及拒绝对偶像礼拜。其原因与对这个世界上恶的存在的相关说明联系在了一起。即，如果是一神教的唯一神创造了世界的万物的话，那么对恶的存在怎么进行说明呢？也就是说，神如果对恶的存在置之不顾的话，那就不能算是神。如果神不能阻止恶的话，那也不是神。而如果神对恶既不承认，也加以阻止，神就是与恶无关之物，那么，神是包括恶在内的万物的造物主的这个前提就不再成立。这样，基督教在古代信仰世界，从最初就是作为戴上了所谓的无神论面具的宗教，或作为戴上了宗教面具的无神论而繁殖起来的。

基督教的胜利

尽管如此，基督教还是在对基督教进行猛烈迫害的时代中生存了下来，并将希腊、罗马的合理主义、怀疑主义的世界涂抹成基督教的颜色。对这个事实，人们至今也未能给出一个能够接受的说明。其直接原因是 4 世纪罗马帝国将基督教正式承认为罗马帝国的国教。可以想见，在那样一个罗马已经迎来了由多样化和相对化所导致的危机的时期，帝国统治者会将已经形成独自网络的基督教共同体作为实施政治统治的工具。如同罗马皇帝将自己神格化那样，其将罗马的政治统治也冠上"神"的固定观念，其结果，被认为导致了帝国的基督教化。

关于得救观、生死观，基督教也有其独创性。在之前被分别对待的人心、灵魂、肉体三者都被作为共同对待的对象；得救的对象不止于罗马市民，而是包括所有的人；不仅灵魂不灭，肉体也会复活，可以与家人和朋友再会；神具有人格，可以建立个人关系。在罗马，"公民性"优先于作为私人的个人，宗教上的复杂的典礼都与镇护国家结合在一起，所以缺乏对个人的灵性的关怀。对该欠缺进行填补的是哲学的人生论，但是，阐述宇宙的秩序、抽象的神性或圣性的哲学，并不是民众之心所能够感知的。（神的）超越表现为人格神，通过耶稣基督的受难诉诸情绪。尽管经历反复的迫害与殉教，基督教徒仍然生存了下来，正雄辩地说明了这点。基督教徒可以向永生的耶稣基督不断进行祈祷、述说（请参考第二部"哲学与神学"）。

欧洲中世纪的无神论

民众的无神论

在前章，我们就早期的基督教被视为与伊壁鸠鲁学派同样的无神论危险思想一事进行了论述。在之后的欧洲基督教世界，基督教当然不属于无神论。所以，在稍早之前，提起欧洲的无神论历史，一般都会对从公元前 1 世纪的伊壁鸠鲁学派的卢克莱修到 16 世纪文艺复兴时期的人文主义者弗朗索瓦·拉伯雷为止的 1500 年一跳而过。不过，拉伯雷本是巴黎近郊默东的牧师，在当时那种基督教一种颜色的世界里，在相反意义上基督教内部的无神论言行，应该是作为基督教的一种变化而出现的。如后文中所述，形成中的新教与成为封建的权力机构的天主教之间，相互指责对方为"无神论"。

但是，在希腊、罗马的合理主义的不可知论在知识分子层面一时获得很大发展的欧洲，在基督教席卷之后，无神论完全消失了踪迹一事还是令人难以想象。确实，在天主教神学中，能够在其后剧烈改变世界的科学样式、带来新的道德体系的形成的作为"系统地对神的否定"的无神论，在这 1500 年间都未能出现。虽说如此，"无神论"的不存在，并不那么单纯。

首先，存在着民众间的无神论。原本初期的基督教被看作"无神论"，就是因为其不仅对国家宗教所要求的献祭，而且对连斯多葛学派哲学家也不干涉的民众间的作为各种民间信仰的"迷信"、"巫术"之类也进行了断然的否定。那么，基督教成为旧罗马帝国领域内的国教之后，迷信和巫术之类就会完全销声匿迹吗？实际并非如此，罗马天主教会采取了相关政策，精心地将希腊、罗马、中东的各种各样的神的祭祀、典礼、礼拜地逐个地"基督教化"。"基督教一种颜色"的状态的出现，可以说就是这种置换战略奏效的结果。哪怕是纪念耶稣降生的圣诞节的日期的设定，也选择了太阳神的"再生"日——冬至那一天，而在"异教之神"的礼拜处遗迹上所建立的教会，也点缀着古代秘教的演出。地方的守护神被替代为当地出身的圣人，巫术和迷信则被变身为圣人参与其中的各种各样的奇迹的发现。一直到最近都可以观察到，在有些地方，甚至用不着去翻出古代信仰的历史，过去的祭祀习俗只是改变了下名字就几乎照原样被保存、继承了下来。对太阳、月亮的礼拜自不待言，连对泉水、洞窟、大树等的礼拜也留了下来。对大地母神等的女神信仰被置换为对圣母玛利亚的信仰的过程进行追寻，也决不困难。本来应该禁止"偶像崇拜"的基督教，以圣画、圣像来装饰教会、礼拜堂也极为普遍。这样的情景被当作"天主教义所要求的情景"在数世纪间持续影响着人们，结果不久，其推动了按照本来的反迷信、反巫术的基督教精神所多次尝试的"改革"，诞生了新教，并引发了近代型无神论的形成。

但是，上述这样的对天主教信仰的历史中所存在的古代民间信仰的探寻作业，是在无神论原则成为标准环境之后通过民俗学家所进行的调查陆续进行的。年鉴学派的历史学家勒鲁瓦·拉迪里

（1929 年～）所进行的对讲奥克语的村庄蒙塔尤的调查就是其代表。实际上，在欧洲的村庄，巫术式的民间信仰真正消失，并不是由于基督教的教育，也不是由于无神论的启蒙，而是数字媒体、全球化使得地方空洞化的 20 世纪末到 21 世纪这个非常近的时间里所发生的事情。

通过在民众间所进行的询问调查以及对地方教区的文献研究所明确的事实是，在民众间的巫术式的民间信仰被姑息保存下来的同时，某种无神论也一直存在着。一般而言，民众的巫术式信仰，其极端的实用主义一面非常明显，其关心的是对其某一具体愿望，神或圣人是否会给予满足。这是一种交易，即"作为保持信仰之心的交换物，希望能够对自己的愿望给予满足"。有报告称，甚至有如果自己的愿望得不到满足，就会将圣人像扔进河里，或者将圣母子像做成可以特意去掉幼儿耶稣的形式，在向圣母祈愿之后将耶稣像作为人质般地带走，直到祈愿得到满足后才予以归还的情况。也就是说，与神、圣人的"真实性"相比，更重视"实效性"。从 13 世纪初的异端审判官雅克·富尼埃在调查村庄蒙塔尤时所写的报告中我们可以获知，普遍存在的是将神与自然当作同一事物的自然主义世界观以及那种认为"树木是（不是神创造的）从土中生长出来"的农民的实证主义。让人们相信与日常生活相脱离的"灵魂不灭"和"肉体复活"等观念，也是困难的。人们相信世界的永恒性，认为世界（＝自然）没有开始也没有终点。

另一方面，关于各个人的人生，对得救的安排以及功德的观念淡薄，而建之于一种绝望之心基础上的"命运论"起着支配作用。

皮埃尔·米修的《盲人的舞蹈》（1465 年左右）就是其良好的例子。说到中世纪关于舞蹈的教诲书，《死亡的舞蹈》很有名，而该《盲人的舞蹈》则是有着爱、命运、死亡三种寓意的舞蹈。主人公在梦境中，在冠以"悟性"之名的自己良心的化身的引导下，观看了三个地点的舞蹈。三个地点的舞蹈的各自主办者的爱、命运、死亡都被蒙上了眼睛，在其周围，有例如"病"、"老"、"事故"的化身等演奏着乐器，人们在其周围跳着舞，但是，由于爱、命运、死亡被蒙着眼睛，所以，爱、命运、死亡是在完全偶然的情况下被赋予了周围的这些人。该舞蹈好像也传到了宫廷中，从中我们可以看到，生存条件苛刻的中世纪的人们，为了让自己接受无论是巫术还是宗教都无法处理的人生的不合理境遇，所依赖的是横在其世界观的底部的被冠以"偶然"之名的无神论。

寻求物证的人们

天主教的弥撒中看起来最像巫术的是将圣体面饼直接宣布为耶稣的肉，然后由大家分食的部分。圣体面饼只是以水和小麦为成分的不含酵母的薄饼，将这称呼为"耶稣的肉（译者注：圣体）"，对于重视本质的民众来说，是非常难以直接相信的事情，即使是对于无神学素养的地方牧师来说，也会成为怀疑的种子。法国宗教家博须埃在说教中曾指出："拒绝相信神的启示，是因为人的动物性的缘故。"对于与其说是人，倒不如说是更"接近于动物"的没文化的民众而言，其依据于可以说是扎根生活的朴素的实证主义，对于无条件的信仰持有着怀疑的态度。这可以说是如同"皇帝的新装"故事中指出了"裸体的国王"那样的现象。也有人认为能够期待"效能",而将弥撒上分配给自己的圣体面饼偷偷带走,给生病的家畜或用做春药,但是,将圣体面饼直接断言为耶稣的身体,单单这样,并不能拥有效力。

巫术的效能被认为是圣人的德所带来的奇迹的结果,如果查看中世纪众多的《圣人传》,被列为圣人的资料以及关于奇迹的调查记录,你会清楚人们怎样去寻求"物证"。《圣人传》中反复重复着人们因对基督教的不信仰受到圣人的惩罚的题目。《圣人传》中的奇迹故事,经常是以让无信仰之心的民众悔过为目的而作。据埃尔维·马丁的《中世纪的心态》(1998年),从11世纪到12世纪,一共有4756件奇迹故事,其中57%是死者的复活与神奇的治愈。对基督教的无信仰之心不仅存在于民众间,而且也大量存在于领主间,也就诞生了大量以因为不相信圣人而受到惩罚为题材类似于神话改编而成的故事。

在怀疑论者眼前,圣体面饼突然变成滴血的肉片的这类"奇迹"也到处出现。这些记录,可以说是直接讲述着中世纪民众间的无神论的实态。并且,不能忘记的是,中世纪的基督教信仰之心并不是个人的行为,而是社会的行为。个人的不信仰会被共同体的信仰体系中吸收、再利用为教训。

基督教有意识地将巫术基督教化并使之存留了下来,未必是因为民众的蒙昧无法矫正,也是为了在对古代巫术进行管理的同时,让民众更容易接受耶稣将水变成葡萄酒、在水上行走等《圣经》中的奇迹。人们所追求的并不是"超越",而是精灵崇拜和自然魔术。为了满足该欲求,在中世纪法国的许多城镇,会举办"傻子节",甚至 1 年举办 6 次，会选出傻子牧师、傻子王、傻子教皇等，或向驮着耶稣去耶路撒冷的驴子进行祝福或举行以教会为舞台的奇特的不讲高低贵贱之分的宴会。

为了让民众发泄精灵崇拜的心理和为了对古代巫术进行管理而出现的这种"限定了期限的异端"现象，一直持续到 17 世纪。因为宗教改革发生后，16 世纪的特伦多大公会议使地方的习俗被改变，在"圣"与"俗"之间划分出了分界线。这是针对新教诸派对天主教的"多神教样态"进行的批评所采取的对策，也是对基督教本来形态的方针变化。但是，由于"圣"和"俗"的被区分，基督教世界的"圣（物）"失去了自然这个支柱，变得更加抽象。其结果将欧洲的基督教逼入脆弱化境地。

知识分子的无神论

在中世纪，民众间存在着一种基于实用主义的（译者注：对基督教的）不信仰，与此同时，在知识分子（＝神学家）间也存在着无神论的萌芽。

从很早就存在着对灵魂不灭、肉体复活教义的怀疑，灵魂是 animus 还是 spiritus？这两个拉丁语长时间里一直被混淆着的事实也被指了出来。6 世纪的图尔的主教格里戈利厄（538 年左右～ 594 年）就已经写道，自己的主教区的牧师们中存在着对灵魂不灭和肉体复活持怀疑态度者。面对着主张该教义正统性的格里戈利厄，他们（译者注：持怀疑态度的牧师）举出旧约中神曾对亚当说"你是从土而出的，你本是尘土，仍要归于尘土"（《创世纪》3-19）以进行反驳。

其后，在罗马教会的神学得到精炼的时期里，基于合理主义所进行的怀疑越来越深化。因为第一次文艺复兴所带来的希腊风格的经院哲学使得神学获得了发展。而在其深处流淌着坚定的合理主义，所以，在某种意义上也可以说，在神学之中已经出现了走向后来的无神论的缓慢的演变。阿拉伯亚里士多德学派的阿维洛依（1126 年～ 1198 年）的思想、奥卡姆的威廉（1285 年～ 1347 年）的思想中，含有着泛神论的宇宙观，也可以说有着境界型无神论的倾向。如后来蒙田看透所谓合理性就是"不可能性"那样，无论是宗教、巫术还是超自然，其宣讲的一切都是以"可能"作为其信仰之心的基础。以合理主义为基础的怀疑以及以保证可能性的形式进行反证的系统性的努力本身，已经含有了通往无神论的感受性。

最有名的坎特伯雷大主教安瑟尔谟（1033 年～ 1109 年）、经院哲学集大成者托马斯·阿奎那（1225 年～ 1274 年）所进行的"神的存在证明"，应该也可以说成是反映了潜在的无神论的怀疑主义的表现形态之一吧。民间信仰对神的存在的证明是通过物证或利益来进行的，而神学对神的存在的证明则是在抽象的逻辑学的范畴展开的。民众所寻求的是神的存在、圣体面饼中耶稣的实际存在的"证据"，神学家所追求的不是证据而是逻辑"证明"。本来《圣经》里的神"是通过信仰相遇和体验之物，但教会对于那种信徒个人的关于神的体验的神秘主义一直持警惕态度。教会的存在意义正在于在人与神之间进行中介，其通过向民众提供奇迹等的证据、向知识分子提供论证，来确保这一中介角色。

但是，在神学通过经院哲学达到精炼的形式之前，基督教神学的成立与无神论的争论就处于表里一体的关系中。

"无神论者"，对于所谓教父们而言，就是"不信仰真神耶稣的人"的同义语。对于亚历山大城的革利免（150 年～ 211 年左右）而言，相信异教的诸神的人是最恶劣的无神论者，与此相比，否定所有的神的存在的哲学家们还是尚被允许的存在。哲学家们是"不承认真神耶稣"，而异教徒们则是"相信不存在的诸神"。真神耶稣以外的诸神，并不是不能选择，而是并不存在。

同属 3 世纪的亚历山大学派的俄利根，也对《圣经》的解释阐述了不同见解。其指出，在创造天地部分，"第四日"之前还没有月亮、太阳和星星，但却有了第一日、第二日等的称呼，这是可笑的；神在伊甸园植树之谜，如果按照字面来理解是愚蠢的，等等，其后俄利根因此被视为异端。"启示可以直接相信"，"理性则是为了解释启示而被使用"，这是基督教从最初就有的基本态度，但是，该"理性"和合理主义妨碍了对"启示"的接受，并有着怀疑一神教的创造神的教义的倾向，每每被当作异端遭到排斥，但又像鼹鼠游戏中的鼹鼠一样前赴后继地产生出来。5 世纪罗马的马克拉比所著的《斯齐皮奥之梦（西塞罗的著作）注释》，启发了关于"世界的灵魂"的泛神论的世界观，其在 9 世纪之前彻底传播到整个基督教世界。

关于耶稣的实际存在性

不止存在着关于创造天地的字义解释的批评，而且构成基督教弥撒之基础的"圣体面饼中耶稣的实际存在性"，也如同在民众间那样，在神学家、高阶神职人员之间也成为合理的怀疑的对象。这在 8

世纪到 9 世纪的加罗林王朝文艺复兴时期的爱尔兰的约翰·司各脱·爱留根纳（810 年左右～ 877 年左右）等人的想法中就已经可以看到，而最有名的是昂热的副主教贝朗吉（998 年～ 1088 年）所主张的"圣体面饼中并不存在耶稣"。圣体只是象征着耶稣的肉而已。

关于基督教圣礼的该合理主义解释当然引起了很大的争论。争论的开始是在 1049 年，传统主张认为面饼是通过牧师的仪式而变成耶稣的肉，站在拥护这个传统主张的前列的是坎特伯雷主教兰夫朗克斯（1010 年～ 1089 年）。他利用亚里士多德（公元前 384 年～前 322 年）的范畴概念，认为事物包含外表与本性（本质），圣体的外表虽然没有变化，但通过仪式，获得了耶稣之肉这个本质，并在 1050 年的罗马的大公会议上批判了贝朗吉。进而，在 1059 年的大公会议上正式承认了圣体中的耶稣的存在。兰夫朗克斯在 1066 年所写的《关于主的肉和血》论述，细致地展开了相关的议论。但是，即使是兰夫朗克斯，他也并没有对圣体的化身进行原教旨主义（译者注：基督教基要主义）式的相信，在从体制角度发表公正的论述之前，他也多次说出了几乎接近异端的言辞。

后来的欧洲的"宗教改革"或近代化过程中，提起天主教世界，容易给人这样一种形态印象，"即使是蒙昧的、如磐石般的信仰，也因近代精神而觉醒、被启蒙"，但是，"启示"的绝对性与从希腊文化继承而来的合理主义精神之间，在任何时代都持续着纠葛。

神的存在证明

对于圣体中耶稣的存在的"怀疑"的背后，当然潜藏着对于"神的存在"本身的怀疑。本来，在以启示为基础的宗教中，启示（＝圣典）的存在本身就应成为"神的存在证明"，而在其外寻找神的存在证明的尝试本身则孕育着异端的危险。否认"启示直接就是真实的"，就牵涉到承认了"人不用借助圣典的力量而靠自力就可与神相会"，而这就直接危及了"教会"这个体系。

跟随诺曼底的勒·柏克修道院兰夫朗克斯学习的是巴吉奥的安塞尔莫（后来的教皇亚历山大二世，1061 年～ 1073 年在位）、安瑟尔谟（1033 年～ 1109 年）。虽然兰夫朗克斯巩固了圣体中存在耶稣的教义，但安瑟尔谟执着于更加跟前的"神的存在证明"问题。他认为，如果神是存在的话，那么，人就应该能够对其进行证明。这是因为，人的才智属于神的一部分，作为它的一部分而去俯瞰全部是可行的。如果能让由来于神的才智发挥作用，就应该能够到达作为才智根源的神那里。

对于人类来说，神这个概念，是作为宇宙的机制和秩序的创造者以及作为在人死后对恶进行惩罚的道德的体现者而出现的。《诗篇》14-1 中说"愚顽的人（不知道神的人）"在"心里说""神不存在"，但当将"神不存在"作为主语时，（神的）意思和内容就存在了，至少其概念的存在是事实。所谓神，就是不可能有比其更伟大之物的全能的存在。但是，如果该神只能存在于想象上的话，就不能称之为全能。人在概念上也可以设想"不单在想象上而且在现实中也存在的神"。该神，与神的"不可能有比其更伟大"的这个最初的定义是矛盾的，即神在其定义之中就包含着存在证明。"不知道神的人"否定神的存在，不是因为没有信仰，而是因为没有才智，是因为不具备从神这个概念中引导出存在这一结果的能力。其不具备凭借下述思考方式来提升自己的能力："绝对存在"这一概念与所有作为前提的事物是直接相通的。

对此进行批判的是同一时代的玛牟耶修道院僧侣、哲学家高尼罗，他认为，人有对明确不存在的事物进行想象的自由，所谓存在不是能够归纳为本质定义的性质，在赋予属性之前有必要证明存在。安瑟尔谟进一步对此进行了反驳，他主张，不能将神与其他的想象上的存在同列，神的定义，其本身就是启示，就是真实，所以是以存在为前提的。该争论向我们传达了这样的事实，即在中世纪的基督教世界，就已经有了哲学从作为神学的道具的角色中脱离出来的动向。

即便如此，从更朴素的角度来讲，成为问题的并非是神的"非存在"性，而是神的"不在（译者注：神不在这里）"。即使承认了神本质上存在是可能的，但是为该神并不对自己进行明确启示一事而烦恼的牧师或修道者绝不会少吧。

阿维洛依主义

将上述围绕神的存在的信仰与理性的关系的争论进一步深入的是伊斯兰教圈的大学家阿维洛依〔伊本·路世德（1126 年 ~ 1198 年）〕。

在伊斯兰教中，不信仰者与无神论者也是或被区别或重叠在一起。《古兰经》(四十五章 -23 ~ 25)中主张"只有我们的今世生活，只有光阴能使我们消灭"，并且出现了下面的内容：当有人宣传奇迹的故事时，不信仰者会固执己见地说："你们把我们的祖先召唤回来吧，如果你们是说实话的。"这意味着朴素的实证主义在哪里都是存在的。

在伊斯兰教世界，总体上说，其无神论的自然观要比在基督教世界更为发达。11 世纪末的波斯诗人欧玛尔·海亚姆（1048 年~1131 年）在其作品《鲁拜集》中称，面对自然，天与我们同样是无力的；即使诞生了宗教方面不宽容的王权，信仰与思想也应该被分开，即面向大众的信仰绝对论与知识分子的合理主义是被分开使用的。阿维洛依在解说亚里士多德学说的同时，明确指出，物质世界是不灭、不可能由神来创造、神不会直接干涉具体事务、肉体不会复活等等。个人之不死当然被否定。神是被称为能动的、知的、不死的元素，是暂时依附于肉体的灵魂的一部分而已。

继承此思想的是犹太哲学家们，迈蒙尼德（摩西·本·迈蒙，1135 年~1204 年）对世界的永恒性进行了慎重的论述。13 世纪的伊扎克·阿尔巴拉哥主张，在世界上，"违反信仰的哲学的真实"与"违反理性的信仰的真实"是并存的。

该"两个真实论（二重真理论）"对基督教神学也给予了很大影响，阿维洛依的理性主义作为无神论的代表受到了防范。实际上，由于伊斯兰教的登场，被称为亚伯拉罕的宗教的三大一神教齐聚、伊斯兰教世界里学家辈出，在这样一个时代，比较宗教的观点也得以诞生。同时，也出现了对所有一神教进行否定的宣传。10 世纪的伊斯玛仪派第三代巴林王苏莱曼称："三个人败坏了这个世界，即牧羊人（摩西）和郎中（耶稣）、牵骆驼人。其中，牵骆驼人最坏。"

这可以说是最古老的对一神教的否定宣传。在基督教世界，13世纪的道明会会士多玛斯·康定培记载称，12世纪末修道士西蒙·德·图尔奈开始进行了这种冒渎。

托马斯·阿奎那的弟子埃基迪乌斯·罗马努斯称，阿维洛依说过"基督教因其圣餐仪式而不被接受，犹太教是施行繁琐戒律的孩子的宗教"。阿维洛依之名被利用为基督教内匿名的无神论表达的发泄口，甚至出现了以阿维洛依之名写的冒渎书籍。称"摩西、耶稣等都是骗子"的《三个骗子》（译者注：也有人译为《三个伪君子》）等，在1513年被教皇利奥十世（1513年～1521年在位）宣布为禁书之前曾相当流行。

君主们的无神论

神职人员以及世俗的权力者间也存在着冒渎性的无神论。有名的是基督教文化与伊斯兰教文化在诺曼王朝时期相互融合、诸教融合氛围浓厚的13世纪的西西里亚，存在着不少以对三个一神教进行同时批判为题目的书籍。西西里亚王、神圣罗马帝国皇帝腓特烈二世（1194年～1250年），重用了哲学占星家米歇尔·斯科特，对亚里士多德、《福音书》《古兰经》、阿维洛依等分别选取对自己合适的部分相对化地加以利用，他被穆斯林批评为物质主义者，并被视为快乐主义者。腓特烈二世明确指出，摩西、耶稣、穆罕穆德三人欺骗了世界，而相信神为处女所生等简直就是发疯了。他的言行于1239年激怒了教皇格列高利九世（1227年～1241年在位）。1245年里昂大公会议剥夺了他原初皇位，教廷官员艾伯特·德·

贝恩将腓特烈二世称为"新的堕天使",是基督教之敌希穆斯律王。教廷称讨伐腓特烈二世者可被承认为十字军,但是,诸侯未给予反应,虽然选出了新的皇帝,但腓特烈二世还是平安地死去。由此可以看出,即使在这样的时代,有教养的权力者也按其需要操弄着自由的言辞。

认为三个一神教是形而上的真理而根据地域、时代的不同被象征性地表现出来之物的《三个指环的故事》,也诞生于腓特烈二世的宫廷。三个一神教的诸教融合思想本身也应该是在相当早的时期就有了。10世纪的巴格达已经召开过汇集了三个宗教的宗教人士、无神论者、物质主义者的以人类理性为主题的会议,同样的会议在1263年的巴塞罗那也召开过。

作为自由思想家,除了腓特烈二世之外,有名气的是卡斯蒂利亚王阿方索十世(1221年~1284年),在宫廷中允许犹太人和穆斯林出入,冒渎性的语言被流传下来,他被怀疑为《三个骗子》的真实作者。

《三个骗子》的题目在其后的18世纪启蒙时期再次出现,作者则被冠以从阿维洛依、腓特烈二世、薄伽丘、马基雅维利、卡丹、布鲁诺到斯宾诺莎等的名字。

在一神教"发现"了印度、中国的宗教,开始更大规模上的宗教融合的时代,诞生了探求称之为"世界精神"的"统一理论"的运动,例如,甚至出现了认为摩西、佛陀、耶稣同为贤者转世的这类书籍。这样的尝试甚至会被人认为就如同近代以后终于从一神教的顽固性中解放出来并在世界上所结出的精神之果实,应当说对一神教的中心人物们毫不姑息地进行舍弃的批判性书籍的历史，实际上是相当久远的。

关于普遍概念的论争

我们再稍稍看一下"两个真实论"。

即使在基督教内部，也存在"理性自立"的看法。在神学研究方面，也时而会出现合理主义的失控。关于肉体复活，认为"一度腐败的身体，不可能回到与之前完全一样的状态"以及认为"神会无视个别的创造物"等等的巴黎大学的 219 篇论文，于 1277 年遭到了巴黎主教艾蒂安·坦姆皮埃尔主教的正式批判。其中，也包含有从现在的角度来看并不"科学"的主张，如"宇宙的历史是循环的，每三万六千年再生一次""运动、人类是永恒的，并不存在'最初的人'"等等。但是，像"基督教也同其他宗教一样，既有虚构又有错误""基督教成为科学的障碍"等等主张，作为内部言论则属于在其他宗教无法见到的过激的观点，而"幸福就在这个世上，并不在另一个世界"等等言论则是背离了宗教本质之物。1311 年炼金术士雷蒙·卢尔（1235 年左右～ 1315 年）将这样的神学家称为阿维洛依派。1360 年代，意大利诗人彼特拉克（1304 年～ 1374 年）批评说，阿维洛依派是对所有与天主教一致的事物进行侮辱的隐藏起来的无神论者，其将基督当作嘲笑的对象，而对亚里士多德进行崇拜。

那么，阿维洛依（1126 年～ 1198 年）通过亚里士多德对基督教进行具体的批判了吗？至少基督教方面是这样解释的。据亚里士多德的注释者、希腊的阿弗罗狄西亚的亚历山大和阿拉伯的阿维洛依指出，亚里士多德的思想中，所谓的神就是暂时被封闭入肉体之中的作为灵魂一部分的不死的元素。这属于是将基督教中的神（创造者）与人（被创造者）之间的区别置于危险境地的泛神论。13 世纪初凭借着巨大的热情而翻译过来的亚里士多德的物理学和形而上学的注释书籍的出版于 1210 年为巴黎所禁止，1215 年和 1228 年被教皇定为禁书。

巴黎大学教授波伊提乌斯·塔吉，与亚里士多德的注释书一起，发表了被作为问题的"关于世界永恒性"的论述。如果按照从字义来理解亚里士多德，那么，因为世界和物质是永恒的，所以创造天地以及通过最后的审判所带来的终结就是不存在的，这就违反了基督教。在这里，波伊提乌斯将"自然"与"超自然"分离开来，将"自然"当作科学家的领域，将"超自然"当作神学家的领域。所有的物质都是通过产生该物质的其他物诞生出来的，并不存在绝对的"原初"之物。

与波伊提乌斯同属于巴黎大学教授的西格尔·德·布拉邦（1235 年左右 ~ 1284 年）也属于热心的"阿维洛依派"。他在《形而上学的诸问题》中论述道："神是不存在的，原因是感觉未能达到现实感。"在对亚里士多德的注释书中，因为是以自然为论述对象，所以其称"请保存下神迹"，甚至明确指出"信仰与理性不能并存"。该人因出现于但丁的《神曲·天国篇》中而出名，在前面所提到的 1277 年巴黎主教所进行整肃中被开除了教籍，他在接受异端审判之前为直接向教皇申诉而逃到了意大利。

同一时代同样接受了亚里士多德的影响的托马斯·阿奎那（1225 年～ 1274 年），则对西格尔展开激烈的攻击，并创立了将希腊理智主义哲学与天主教神学相融合的正统的经院哲学。他在《反阿维洛依论》中单方面断定二重真理论的创始者是阿维洛依，而将其推广的则是西格尔，批评了其只表明了怀疑却没有提出解决方案的态度。

托马斯本人则继安瑟尔谟之后，继续展开"神的存在证明"。11世纪到 13 世纪的知识分子的世界中，所谓的"理性至上主义"起着支配作用，它被适用于无神论的怀疑主义以及理智主义神学的构建。神成为依据理性的亚里士多德风格的理论思考的对象。托马斯的《神学大全》指出了接近作为宇宙第一源头的神的五种途径（译者注：上帝存在的五种证明）。首先存在着的所有运动都应该有其动因，所有的因果关系都不可能推溯到无限，所以必有一个原初的动力因；必有一事物，其自身就具备自己的必然性；必然存在拥有安瑟尔谟所说的绝对的完美性的事物；必然有一个超越性的高级的智慧存在，指向着这个世界的存在的终极目的。

这也是经院哲学中的所谓"关于普遍概念的争论"的一个代表性的立场。关于普遍概念的论争，是存在论的一种，其追问的是作为个别的集合体的普遍在外观上是否实际存在的问题。神是不受时空制约的一个范畴、概念，所以，按照主张集合概念仅仅是名称而非实际存在的"唯名论"的观点，对神的存在进行证明就没有意义。该唯名论不久被无神论所采纳，概念、理念则被限定为词汇或记号。

不管怎么样，托马斯派的理性至上主义成为其后欧洲的基督教社会的主要方针，信仰告白定性为非个人的对神的体验，而是基于理性之物。这在事实上可以说一直持续到18世纪康德对"纯粹理性"进行批判为止。

虽说如此，在与托马斯同一时代的宗教者当中，还是有人能够免于理性至上主义的支配。如反对托马斯的理智主义，将对神秘的认识放在理性的重要性之上的邓斯·司各脱派、遵循认识论的经院哲学家奥卡姆的威廉（1285年～1347年），主张信仰与理想不能融合。奥卡姆在14世纪中期提出了信仰与理性是不同的事物，是不能论证的。所谓科学只能处理个别的事物，虽然能够探寻该个别的事物之间的关系性，但是无法分析"普遍性"。托马斯的证明所依据的是以第一动因或第一动力为必需的宇宙的错误的科学概念。世界是"被创造之物"一事也是无法论证的，因为将创造的"前"和"后"这个时间轴导入"永恒"的概念之中是不合逻辑的。奥卡姆对托马斯的论证进行了完全否定。也可以说，"合理地证明神"的信仰被否定，开始了神秘主义的时代。这又逐渐发展为埃克哈特（1260年左右～1328年左右）的莱茵神秘主义。神不是可以说其"存在"的存在，是超越存在或非存在的存在。

理系与文系

但是，托马斯·阿奎那的经院哲学在13世纪以来一度占据主流，在一定意义也许可以说是与基督教所持有的无神论之间的亲和性的结果。方济各会风格的"文系"与道明会风格的"理系"，以不否定"神的存在"为基轴而并存。"理系"的热情在于对自然现象的"阐明"。他们认为，"对神所创造的世界进行说明，是模仿神而创造出来的人的义务"，从而将对自然现象进行阐明的行为正当化。12世纪已经有纪尧姆·德·康奇斯（1080年左右～1145年左右）指出《圣经》有可能属于寓言。如果是神创造了世界，那么世界就是合理的，理性就应该能够对其进行理解。"理系"的阿伯拉尔（1079年～1142年）认为，"不能去相信无法理解的事物。传授无论是自己还是听众依靠理性无法把握的知识是愚蠢的"；而"文系"的格来福的贝尔纳（1090年～1153年）表明了其担心："理性只能到达所能到达之处"。

最终，经院哲学在伴随着理性主义的热情确立之后，15世纪左右，巴黎大学的神学论争也完全陷入了形式主义。虽说如此，如果考虑到其后在欧洲走向近代化过程中，作为宗教蒙昧主义的代表而遭到猛烈攻击的天主教会，依赖托马斯神学的理智主义一直存续到了现代一事，可以认为，这个时代的神学受到了某种无神论的培育的事实具有巨大意义。笛卡尔、莱布尼茨、马勒伯朗士等并未抛弃个人信仰的近代知性的思想家们，越是将信仰从理性中分离而展开神义论、神正论，无神论就越会得到培育。哲学家们甚至对于"理性"也持有怀疑，理性至上主义时期的"对神的存在证明"已经没有意义。理性被相对化的同时，经院哲学的信仰的基础变得抽象、脆弱。神失去了理性的庇护，被包围于个人的良心之中。

在西方，有着古代希腊、罗马世界以来的理性主义、合理主义的一贯传统。其在一度被基督教经院哲学所驯服之后，再次复苏，发展为西洋近代的启蒙主义和无神论。无神论也是"二重真实论"的失败。阿维洛依派等的"二重真理论"，被主张唯一的神的真实的教会谴责为无神论或异端。但是，一旦对"被理性证实的真实"持有怀疑时，信仰与理性就再一次被分开，失去了理性担保的信仰则将贫瘠下去。

在这种意义上，无神论与理性主义的颓势相联动在一起。从理性主义的观点来进行大的区分的话，"无神论"的谱系与"异端"的谱系实际上是处于相反的两极位置。即，作为"无神论"受到警惕的是那种认为在对世界进行说明与人的生存方面"不需要神"的态度，而几乎所有的"异端"则相反，采取的是扩大"信仰"的不合理部分，通过牺牲理性来打破神学上的平衡的态度。天主教神学的正统派，与根深蒂固地残留于民众之间，通过多神教、巫术表现出来的"蒙昧主义"相比，则相当接近于"无神论"。这说明，基督教在其出发点上所持有的否定偶像崇拜、否定巫术的启蒙的"无神论"立场或多或少地被一直持有着。

如同基督教经院哲学的"理系"传统的理性至上主义为后来的启蒙的无神论做出了准备那样，"文系"传统的神秘主义，也在另外的意义上包含着无神论的危险。如果将理系当作亚里士多德派，那么就可以将文系形容为柏拉图派。14 世纪出现了受 6 世纪的伪狄奥尼修的神秘神学的影响的埃克哈特、约翰·陶勒尔、道明会的苏索等，而在法兰德斯，吕斯布鲁克（1293 年～1381 年）以弗拉芒语展开了内容充实的神秘论。1420 年的《基督教的学习》，对信仰方面的知识的满足进行了彻底的批判。在这一流派，神完全排除了实证属性。其认为，对神的认识超出了人的能力。神是只能用"不是……"这样的否定形式来形容之物。15 世纪，库萨的尼古拉（1401 年 ~ 1464 年）的辩证法式的否定神学确立，对后来的德国哲学也给予了巨大影响。但是，认识到人的无知的否定神学流派，不久也走向了通往否定所有的神学的悲观主义和虚无主义。也许可以说，"理系"的"离开神"诞生了近代西欧的现代主义，而"文系"的"离开神"则诞生了后现代主义。最终，理性至上主义也蕴含了怀疑和无神论，放弃理性的神秘主义也蕴含了绝望和无神论，所有的尝试都为"近代无神论"做出了准备。

关于中世纪末期的对神的不信仰

关于中世纪的知识分子（神学家、神职者、贵族）与民众间出现的怀疑与无神论的萌芽问题，在前文中我们已经有了接触，其间，学生、文学家、艺人、城市市民间所存在的对神的不信仰者正在增加。艺人、行吟诗人、学生们使用着通用语——拉丁语，流浪于欧洲，停留在修道院等处，围绕着爱情和性，高声吟咏自由奔放之歌曲。

现存的文献中有名的是，19 世纪初发现于南德意志的贝内迪克特博伊伦修道院的据认为写于 11 世纪到 13 世纪间的诗集手抄本《卡尔米娜·布拉纳（博伊伦之歌）》，通过德国音乐家奥尔夫（1895 年 ~ 1982 年）据此诗集所创作的世俗交响乐，该诗集在日本也广为人知。

该诗集中，出现了很多明确违反天主教教义的语言，如"灵魂会死，只有保重身体"、"与永恒得救相比，感官享受更重要"等等。

即使在教廷所在地意大利，从中世纪末到文艺复兴初期，人文主义也开始兴起。在薄伽丘（1313 年～1375 年）的《十日谈》中的那个父亲给三个儿子留下钻石的故事中，三个儿子分别被比喻为犹太教徒、基督教徒和穆斯林。薄伽丘的拉丁语作品中还对诸神的谱系进行了说明。他继承了欧赫迈罗斯学说指出，正如古代诸神是将英雄神格化之结果一样，保罗、巴拿巴也是将人间的耶稣神格化。写作了佛罗伦萨史并对古代罗马文献进行了发掘的波焦·布拉乔利尼（1380 年～1459 年）本人，也是卢克莱修、卢西恩的信奉者，他写作的讽刺牧师们好色与吝啬的《逸闻妙语录》，以《波焦作品集》的形式在欧洲流传着。该书不仅描述了牧师们的堕落的样子，而且还报告了牧师们对神的不信仰。其中有这样的故事：本该在星期五戒肉的却吃着虾蛄的牧师向执事问道："用面饼做耶稣的身体与用虾蛄做鱼，哪个更难些？"接着，牧师命令虾蛄"变成鱼"，然后吃了起来；还有个传教士误将福音书里的耶稣取五个面饼让五千人分食的轶事说成了让五百人分食，当别人指出其错误时，该传教士回答道："就是说成五百人分食也难以让人相信，所以请闭嘴。"

占星术的流行也推动了"对神的不信仰"，对耶稣的星象的研究盛行起来。阿斯科利的切科（1269 年～1327 年）以讨论耶稣的星象等的罪名于 1327 年在佛罗伦萨被处以火刑。里济厄的主教奥策斯姆（1323 年左右～1382 年）也留下了对占星术的横行进行抗议的书籍。1459 年，葡萄牙的迭戈·戈麦斯认为，大宗教都是在星座的影响下诞生的，犹太教、基督教、伊斯兰教分别受土星、水星、火星的支配。据说他还曾阅读过一本认为三个一神教都是带有孩子气的愚蠢的虚构的希伯来语书籍。

这样，在中世纪末期的欧洲，与精英们的怀疑主义和农民们的自然主义一道，文化人士、市民、农村牧师的对神的不信仰所形成的无神论的土壤扩展开来。再加上百年战争等使教会遭受打击进而造成牧师的教养水平的下降，教会对信仰的统制与管理趋缓。不过，15、16 世纪还是留下了各种对不信仰上帝的孤立的行为进行审判的判例，因此可以看出，在某种程度上，不信仰被视为危险的行为。15 世纪特鲁瓦、欧塞尔，也遗留下来关于不信仰的真实情况的报告书。在 1486 年的特鲁瓦，"信仰者"被分为四类，即相信圣人或教会的话，但不理解者；相信且理解者；虽然不理解，但因感情和体验而拥有真正信仰之心者；在理性、行动、感情上都不相信，但遵守着信仰的习惯者。

所谓"信仰者"也就是如此。那么，既不相信，又不遵守信仰之习惯者会是什么样呢？一提到基督教会所支配的中世纪，我们脑海里往往就会想象出这样一种景象：如果有人哪怕是稍稍说了些冒渎的语言，就立刻会面临异端审问，被拷问、被火刑、被私刑，但实际上完全不是这样。"无神论者"、"不信仰者"在被处罚之前，会首先被开除教籍。所谓开除教籍，对于一般信徒而言，就是不能参加教区教会的弥撒、洗礼等的圣礼，总之，仅仅就是不能再出入教会。而对于本就不相信者，这没什么大不了的。依据教区作为信仰者的共同体所发挥的机能的不同，个人被开除教籍时所受到的打击程度当然也会有变化。

14世纪安如的主教纪尧姆·德·梅尔报告称，1314年存在着分别开除400人、500人、700人教籍的小教区。在格勒诺布尔的主教区，被开除教籍者的数量曾达到教区民数量的过半数。被开除教籍者，有的死后可能无法在教会墓地安葬，还有的开除教籍可能会适用于整个家族。面对并屈服于这样的压力，通过向牧师忏悔以求宽恕，并求得重新回到宗教共同体的资格的例子估计并不少见。但是，在1326年和1337年的阿维尼翁大公会议上，有报告称，这些被开除教籍者的大半，并没有去求取宽恕罪孽，而是继续过着离开教会的普通生活。而不信教者，面对教会的开除教籍的通告，会口吐冒渎的语言，对其通告予以轻视。教会会采取"教育对策"宣传称，如果被开除教籍的状态长期持续，与被开除教籍者进行交往的人也会面临风险，死后会被永恒的劫火所焚烧；在欧坦、巴黎、奥尔良等主教区，有制度规定，这样的被开除教籍者可以移交异端审判，不过大多数情况下是放任不管的。法国中部的布尔日的牧师，曾向下辖的小教区牧师下达通知说，为了移交异端审判，要将被开除教籍达9年以上者制成名单予以通告，但是，遭到当地强烈抵抗，牧师受到被开除教籍者的家属们的威胁，名单通告无法落实。

这样看来，哪怕单单是在西欧的天主教世界，圣俗的统治者、民众、文化人士等等，无论是在哪里，都远远算不上如铜墙铁壁一般牢固一致。在信仰之心或信仰方面只是人数有变动而已。作为宗教，也经历了英诺森三世（1198 年～ 1216 年在位）时期的神权政治、15 世纪的大公会议主导的时期、16 世纪的特伦多大公会议后的意气风发时期、19 世纪的倒退、庇护九世（1846 年～ 1878 年在位）、庇护十世（1903 年～ 1914 年在位）的教条主义、20 世纪的第二次梵蒂冈大公会议时的开放性等等，基督教只是作为上述各个时代的社会文化条件的产物而出现。但是，在这里，共通的是，地中海和中东的那种多神教环境土壤中，诞生了一种创造神将人引领到共同事业之中的新型宗教，在其与希腊罗马的科学精神相结合，否定仪式主义以及巫术，并在其后包容凯尔特、日耳曼的多神教而取得发展过程中，一直都包藏着怀疑主义与无神论这样的内部争端的事实。不久之后，从其中，又兴起了席卷世界的"近代西洋"。

文艺复兴时期的无神论

文艺复兴时期的对神的不信仰

文艺复兴时期以后，无信仰之心者、无神论者、自由思想者（指宗教上的放荡者、放纵者）以及理神论者（一般指嘲笑所有的宗教的人）等称呼，都被作为类似的"讥讽贬低对方的语言"而应用。特别是新教改革开始的 16 世纪，正统与异端、信仰与不信仰之间的分界线已经变得暧昧模糊。神职者对宗教的恶搞也变得并不罕见，拥有修道院僧侣身份的拉伯雷（1494 年左右～1553 年左右）的《巨人传》被认为是对巴黎大学索邦神学院的神学的批判而被认定为禁书是在 1540 年代。现在，拉伯雷也被称呼为最早的无神论作家，而在当时，加尔文（1509 年～1564 年）、伊拉斯谟（1467 年左右～1536 年）、史迦利日（1484 年～1558 年）、龙沙（1524 年～1585 年）都被讥讽为"无神论者"。曾经出版过拉伯雷作品的人文主义者艾蒂安·多雷（1506 年～1546 年）在索邦神学院的命令下作为异端者被处以火刑，多雷将伊拉斯谟称为无神论者，而加尔文又将多雷称为无神论者。新教将天主教批判为无神论，而天主教又将新教贬之为无神论。

与拉伯雷通信的伊拉斯谟也在 1526 年到 1527 年间被索邦神学院批判审判，其对圣母的受胎告知、免罪符的有效性、自由意志和三位一体等均持怀疑的态度，对伊拉斯谟的这种态度，甚至连马丁·路德（1483 年 ~ 1546 年）都表示愤怒。

对此前基本上不加追究的"对信仰的怀疑"行为，有组织地判定为"异端"，是在 1570 年到 1580 年间。正如在 16 世纪前半期，拉伯雷受到了法国国王、文化的拥护者弗朗索瓦一世（1494 年 ~ 1547 年）的庇护，而能够免于迫害所显示的那样，人文主义、新教、无神论者之间的界限是模糊的，异端审判的标准也是不固定的。

后来为笛卡尔所继承的方法论的怀疑论书籍也被出版。在因为隶属于威尼斯而处于罗马异端审判的权力圈之外的帕多瓦大学，阿维洛依主义得到继承，将信仰与理性相区分的二重真理论的合理主义受到重视。

有人认为，由于文艺复兴时期的教廷的腐败、神学家们的伪善、耶稣会的马基雅维利主义、过度的亚里士多德主义等等的缘故，在 15 世纪的帕多瓦，已经哺育出通往下一世纪新教的无神论。

其代表是哲学家彼得罗·蓬波纳齐（1462 年 ~ 1525 年）的《灵魂不灭论》（1516 年）。他认为，灵魂不灭用理性无法证明，托马斯·阿奎那背叛了否定灵魂不灭的亚里士多德。他所提出的"理性之光照耀了与信仰相反的事物，但必须听从信仰"，"奇迹有其自然的原因，科学总有一天会解释清楚。（译者注：奇迹之中）也有假的"等等的言论，虽然在理性与信仰的双重标准方面，承认了信仰的优势地位，但强调了科学的正确性，有助于统治者所主张"这些对民众有用，知识分子也应该遵循"的这种实用主义。事实上，他所著的书籍虽然被定为禁书，但美第奇家族对他本人的评价却不错，他本人也未遭受异端审判，平安地度过了一生。

对于文艺复兴时期被重新发现和重新评价的古代哲学，总体而言，当时的知识分子所采取的态度有两类。一类是体制内的稳健的态度，即认为"生活于耶稣基督诞生以前的时代的哲学家们，其关于死后世界以及关于得救的看法部分当然是错误的，这是由于无知而导致的，可以获得免罪。而其他部分，则存在着其相应的'真实'，所以，我们应该受到该部分的启发，"也就是说，取舍选择对基督教无害的部分，予以接受。其做法中当然也会有诡辩或牵强附会。

另一类是，基于对世界永恒性的常在的确信，转变为无神论者。严格而言，就是不再相信基督教的教义或天主教的教义，其被认为即是"无神论"。所以，反教权主义者们（反对罗马教会）也就都被贴上了无神论者、新教、理神论者、自由思想者等的标签，这些都属于同义语。"逻辑性的无神论"或作为意识形态的无神论的出现则是相当之后的事情。

某位西班牙大使在 1617 年曾经写道，在 16 世纪末，英国有 90 万、法国有 100 万无神论者。伦敦的主教、农村教区的主教也留下报告指出，神是否存在成为普通信教者的一般话题。英国有 90 万人，就意味着当时的英国每 3 人中就有 1 人属于无神论者。从中我们可以看出，"信仰者"对于信仰的内容也是带有着很多怀疑。在伊丽莎白王朝时期的英国，继之前与天主教的争执，延续着清教徒与英国国教会之间的争端，这样的"争端"的当事人不过是少数派，大多数人则持"不关心"的态度。即便如此，英国与盛行禁书、异端审判的西班牙、意大利一样，有不少火刑。当时留下这样一些证言："自己向神父和神子进行了祈祷，该神子在出生之地被拒绝，进行拒绝的人们是高明的""仅仅因为说了所有的事物都来自于自然这句话，就被定为无神论者"。

一说起 16 世纪的欧洲，我们就会想到宗教战争的时代，全欧洲分为天主教和新教两大阵营，其间展开激烈的战斗。那种相互间指责对方为无神论者的宗教战争的时代状况，将其后都无法治愈的深深的"怀疑"嵌入到许多人的内心之中，结果到 16 世纪末，认为"基督教终结"的绝望感扎根了下来。

基督教的双重标准

实际上，说起"无神论"，也不只是指单单的"反教权主义"或"不关心派"，也指树立一个基督教会的神的替代物予以信仰的场合。后者包括信奉泛神论的自然神的斯多葛学派者，依赖占星术或命运女神等古代诸神者，以及作为对基督教的恶搞、也被称之为"背地里的"基督教的、通过魔鬼崇拜进行巫术实践者等等多种情况。在文艺复兴时代，在这些替代性信仰变得浑然一体，天主教与新教这两个基督教的教条主义同事之间却展开了激烈的战斗。不过，当然真正属于宗教狂热信徒之间的战斗还是少数，多数则带有着世俗的权力之争、利害冲突以及政治意图方面的动机。怀疑和不关心的暗流之上，表现出来的则是对自然的礼赞、神秘学的盛行、原教旨主义者的暴力以及权力者间的战争。上述这样的当时欧洲的状况，在某一方面也可以说是 21 世纪初我们所生活的世界的缩影吧。

与现代的状况之间最大的不同，也许是对"理性"的定位。那时的"理性"是带有两种意思的。在整个中世纪被驯服为基督教的工具的理性，在文艺复兴时期在不断非宗教化。"理性"是站在宗教一侧，还是站在世俗一侧？其定位还是暧昧。基督教在本来的脱离巫术的意图之外，为了便于进行对民众的管理而保留了多神教的民间信仰，此外，还将经院哲学所体现出来的希腊理智主义作为神学的基干，这可以说是形成了双重标准。如同保罗所言，尽管初期的基督教对于希腊人而言，被认为是完全处于"理性"的对立面之物，但基督教还是凭借着其独特的相互矛盾、似是而非的主张席卷了整个希腊主义世界。在这一过程中，"理性"并非是"信仰"的担保物，而是被放在了信仰的辅助之物的位置上，不过经院哲学则明显地看起来偏重于"理性"。

因此，文艺复兴时期的基督教，呈现出面临来自理性和感情两个阵营的攻击的复杂情况。一个是作为对希腊理智主义的反抗的感情性的宗教心，即如后来在卢梭那里所看到的，真正的宗教依据的不是道理而是感情的那种看法。另一个是将理性主义、合理主义从宗教的框子中解放出来以作为攻击宗教的依据的想法。如果立足于合理的科学主义，宗教或教义全都是愚昧的、伪善的、欺骗的。前者以新教或天主教的改革为目标，后者则走向理神论或无神论。不过，后者的大多数实际上选择了希腊主义时代哲学家们那样的态度，即为维护社会秩序而尊重典礼或各种通过仪式，在日常的生活方面则无视宗教的约束。在这方面，近代以后"理性与信仰是相对立的"的图式，与将"西洋近代"作为基础的现代世界有很大不同。

良好地反映出该种状况的是伊拉斯谟的《愚神礼赞》（1511年）中对人的愚痴所采取的两种含义的态度。愚痴的女神操纵人所进行的自我赞美，对因为所有的人都会被愚痴与感情所刺激，所以宗教只是对一种伪善的状况进行了讽刺；另一方面，又赞美了本来的基督教的单纯性，认为真正的宗教是愚痴的一种形式。这可以说是对人的心理的出色的观察，其看穿了：在这里，无论是过度的理智主义，还是作为其反面的伪善以及感情主义，都同样陷入对愚痴"神"那样的"偶像"进行崇拜的错误道路上。伊拉斯谟所倡导的内容，包含了其后的所有的哲学家、精神病学家、社会学家等以各种各样的形式所展开之物。

宗教改革的时代

下面让我们着眼于"无神论"角度，再稍稍看下16世纪欧洲的"宗教改革"。

"无神论"是作为对罗马教会的《信经》（使徒信经、信条）专制的反抗而出现的，而并非是作为"无神论"展开自觉的议论。这可以从天主教与新教相互告发对方为"无神论"的记录中观察到。天主教与新教相互抨击对方为无神论，而自己倡导"无神论"者，当然会受到来自新旧两派的共同的谴责。如1546年在巴黎，艾蒂安·多雷被处以火刑那样，1547年在日内瓦，杰克·格鲁埃被加尔文派处以火刑。

新教眼中的无神论

我们来看下约翰·加尔文（1509 年 ~ 1564 年）对当时基督教社会所进行的激烈的批判。在 1534 年的《关于灵魂的休眠》中，指出了"人死后灵魂休眠"被视为无限接近于无神论的异端。这是一种认为灵魂在肉体死后进入休眠状态，等待着肉体的复活的信仰。那么，所谓人的灵魂只不过是没有实体的德行。加尔文指出，这是否定"灵魂不灭"的无神论的开端。他在 1550 年的《丑闻》中称，存在着被魔鬼所引诱而嘲弄基督教者，其被称为快乐主义者。无神论者所依据的理由有如下三个："除非脑子相当不正常，否则不可能相信被绑在十字架上的一名死刑犯之死可使得所有人获得永生等的说法"、"如果有神的存在的话，那么怎么来说明这个世界上有恶的存在呢？为什么会给我们黑死病、战争和饥馑呢？"、"宗教等是权力者为通过威吓来统治人的手段"。众所周知，一直到后来的启蒙时代为止，这样的宗教批判一直存在着。

在 1559 年出版的《基督教要义》中，他写道："有人认为神是不存在的。"这样的无神论者的存在，对于加尔文来说实在是难以理解的事情，加尔文认为，在"新世界"，无论什么样的"野蛮人"，受到自然的启示，总会或多或少地相信神。但是，加尔文并没有去通过证明神的存在来驳倒这样的"无神论者"。考察无神论的存在理由，无论是因为情欲，或是因为傲慢，都认为是魔鬼捣的鬼。新教徒皮埃尔·维雷在为《基督教要义》（1563 年）所写的序文中指出，许多人享受着宗教的自由，既有同时接受天主教和新教者，也有同时脱离天主教和新教者，还有完全无宗教的生活者。对维雷而言，他的敌人是理神论者和无神论者。维雷认为，理神论者利用新旧对立而出现，开始展开其独自的宗教观。理神论者认为，神创造了世界，但创造之后就放手不再干预，并不存在所谓天理，所有的宗教有其相应的有效性，换言之就是都没有意义。他看待事物的出发点是那种认为这个世界是偶然的产物的相对主义的、悲观主义的立场。除了理神论者之外，还有比理神论者更严重的无神论者。因为他们积极地传播着无神论这种异端思想。无神论者与理神论者不同，他们属于积极地去满足肉欲的快乐主义者。理神论者不相信得救，因而会大大咧咧地生活，而无神论者则会去追求这个世界上的安乐。

天主教眼中的无神论

巴黎大学一位天主教学长在 1545 年的讲演中也提及了想要消灭宗教的彻底的无神论者的存在。天主教担心由于新教的缘故，宗教的自由会导致相对主义。

在与新教的对抗中，天主教中吹入了新的风气，特伦多大公会议召开之后的 1566 年完成了新的教理问答《公教要理》。作为当时信徒们经常提到的问题，如关于最后的审判之后的肉体复活问题，肥胖的人复活之后还是肥胖的人吗？秃头的人、手脚残疾的人、眼睛看不见的人等等复活后会怎呢？处女（圣母玛利亚）是怎样妊娠的？为什么三位一体的圣灵具有人格却没有名字？人怎样能成为

"神子"等被列举了出来，认为上述这样的无益处的好奇心以及好讲道理的意识应该受到规劝。而对于上述问题，所做出的回答是：神已经向我们进行了讲述，但其奥义不是我们能够理解的。即使没有说明也必须去相信。

以拥护天主教为目的的神义论也纷纷登场。这些神义论之中，对无神论的现状进行了说明、分类、分析以及反驳。

在这里，我们看一下菲利普·德·莫尔奈和皮埃尔·沙朗的主张。菲利普·德·莫尔奈（1549 年～1623 年）在 1582 年的著作中称，对神的不信仰的理由之一是，因为新教允许自由阅读《圣经》，面对大量的矛盾，民众抱有了怀疑态度。同时，无神论者将"传道书"那样的带有悲观主义的《圣经》文献本身作为无神论的依据而进行利用。进而他在 1581 年所写的《关于与无神论者、快乐主义者、异教徒、犹太教徒、穆斯林以及其他不信仰者相对抗的基督教的真实》中，对否定所有宗教的理神论者与主张对不能理解的事物保留判断的不可知论的怀疑主义的无神论者进行了区分，对从很久以前就存在着为了物质的肉体快乐而不想相信神和灵魂的人的事实进行了承认。此外还存在着诡辩学派的无神论。他们认为，如果神没有肉体，那么什么都做不了；如果有肉体，那么就是应该会灭亡的存在，因为必须忍耐诱惑，那就已经不能说是神了。另外，《旧约圣经》中的人物能活 700 年甚至 900 年，这样的内容无法相信。70 名犹太人进入埃及，出来时候就是 60 万人，这也无法令人相信。古代人建造巴别塔和诺亚方舟那样的巨大建筑物的事情也难以令人相信，蛇也不可能会说话。只要看过一次腐败的肉体，就知道之后复活是不可能的。耶稣是神子一事也无法相信。为什么神会把儿子送到一个特定的时代？尸身一定被盗了。另外，在任何时代都会被反复重复提出的疑问，如"如果有神，为什么这个世上会有恶呢？""为什么神不是与所有人而是与特定的民族对话呢？""为什么子必须承当父罪呢？"等等，近代所出现的对基督教的神的不相信在这个时代就已经完全出现了。

1593年耶稣会士皮埃尔·沙朗（1541年～1603年）发表了其护教论著作《三个真理》。在这里，理神论者和"无神论之辈"被一起定义为相信"无力、无为、漠不关心、不进行神的引导的暧昧的神"的人。此外，还有怀疑一切、什么都不相信的"怀疑论者"，最后还有真正的无神论者。颇有意思的是，沙朗曾说，真正的无神论者是很少的，因为要成为无神论者，其灵魂必须要很强。要一个人单独去面对绝望的无神论者身上有着一种悲剧的伟大性。他们走向无神论的原因，一般是由于情欲、宗教战争、想要自由地去验证《圣经》的精神、古代思想、神罚与不公正的存在等等。当沙朗介绍"怀疑论者的那种认为所谓宗教不过是为权力者提供便利的发明物的观点"，或叙述"只要不可能证明神的存在，就没有显示神或天理的存在的必要的充分的理由等"时，从沙朗身上似乎也正飘荡着无神论的味道。不管怎么说，无神论被明确定位为"强者的理论"这点，值得注目。

人文主义的无神论

人文主义者的无神论著作包括那本传说中的书籍《三个骗子》。

被认定该书是拉伯雷的作品，并确认在16世纪就已经有了该书，而现存的只有17世纪的拉丁语版本。该书除了强调说摩西和穆罕默德在政治上倾向暴力，而耶稣则玩弄奸计之外，还特别强调了犹太=基督教的"父神"的无情。神让人拥有自由意志，使其输于诱惑，并给予其痛苦与死亡，这是不当的。这就相当于父亲一边告诉孩子"不许使用（译者注：刀子）"，却一边把刀子递给孩子一样。

佛罗伦萨的马基雅维利（1469年～1527年）在1515年所写的剧作《曼德拉草根》中描写了一位认为地狱荒唐并劝诱堕胎的快乐主义者，但因该作品博得了教皇列奥十世的喜欢而未被列为禁书。在作品《黄金驴》中，他写道，与忧虑苦恼的人相比动物更幸福；在书信中，他认为："薄伽丘是对的，与其改悔变得规规矩矩，不如做了喜欢的事情之后再去改悔"。摩西、穆罕默德都是在利用宗教去战争。宗教是君主们的最后的堡垒。无论是肉体还是国家、宗教，所有的一切都会灭亡。如果研究历史，能看到的是命运女神而不是神的意志。

作为数学家也很有名气的吉罗拉莫·卡尔达诺（1501年～1576年）于1550年写下了《事物之精妙》这部涉及自然科学、医学、几何学等领域知识的16世纪百科全书式的巨著。其中，引入了比较宗教的视角，将偶像崇拜的宗教与三个一神教的戒律等进行了对比，认为其间的一部分不同是由于天体影响的结果，而到底哪个宗教最佳，则"大概是由命运来决定胜利"。他被17世纪的审查者分类归属到无神论者之中，而在16世纪那个阶段，则可以说是接近于处于异端审判的管辖范围之外的帕多瓦学派。

持比较宗教的立场的作品是，以 1576 年的《国家论》而闻名的政治、经济学家让·布丹（1530 年～ 1596 年）所著的《七位贤者的讨论》（1590 年）。该七位贤者分别为天主教、马丁·路德派、加尔文派、犹太教、伊斯兰教、理神论者以及对宗教无关心派。该七人全部都反对"无神论"，理由是无神论会使道德沦丧，人变成野兽，社会秩序混乱。天主教教义也受到了批判。讨论得出的是相对主义的结论，接近于理神论者的理性主义；即因为无论哪种立场都有其长处，所以，各自继续坚持自己的宗教即可。该著作在 17 世纪有很大影响，曾将笛卡尔邀请到宫廷之中的瑞典克里斯蒂娜女王（1626 年～ 1689 年）也收藏了此书。

西耶那的贝纳迪诺·奥齐诺也于 1563 年写作了基督教徒与犹太教徒（对话形式）的作品《对话》。内容是关于基督的神性的议论，其借犹太人之口对弥赛亚提出了异议。虽然在该作品中犹太人最后改邪归正，但奥齐诺仍然因为对三位一体进行否定而遭到新教方面的谴责，在 17 世纪被归属划入无神论者的行列。

1592 年在威尼斯受到异端审判、被投入罗马监狱并最终于 1600 年被处以火刑的乔尔达诺·布鲁诺（1548 年～ 1600 年），其著作《论无限、宇宙和诸世界》等及其神学、科学、哲学一起受到了批判，完全被当作无神论者。不过，虽然其论点确实是违反了教义，但与其说是无神论，更不如说是带有着泛神论的感觉。他认为，神是原子之中使物质生存的灵魂之力，耶稣是获得神的特别帮助的人。世界是无限的一个整体，神并非与世界相分开而存在。在火刑台上，布鲁诺拒绝了十字架，他说这没必要。布鲁诺在这个异端、无神论、理神论暧昧共存的时代，被当作某种替罪羊，作为异端的象征而被处刑。而为了保护自身，伽利略（1564 年～ 1642 年）、笛卡尔（1598 年～ 1650 年）都未提过布鲁诺之名。

无神论者的宗教战争

在文艺复兴结束的时期，除了"强者的无神论"之外，还存在着"雇佣兵们的无神论"。那是个欧洲所有的地方的权力者都被分为天主教和新教两派并在两派间展开宗教战争的时代，同时也是以雇佣兵为中心的基层士兵们掠夺村镇、极尽暴行的时代。在失去了维持扎根于土地的共同体的秩序之束缚的战场，与对宗教的怀疑以及对教会的批判毫无关系的、自然发生的无神论横行起来。弗朗索瓦一世对自己手下军队中的雇佣兵们进行了如下的评价：是极尽恶行之辈，绑架凌辱妇女，否定神、冒渎神，比土耳其人以及不信神者（新教）更恶劣。包括彼得·勃鲁盖尔（1525 年左右～ 1569 年）的绘画、阿尔布雷特·丢勒（1471 年～ 1528 年）的素描在内，众多的记录被保留了下来。天主教军队在新教的教会、新教军队在天主教的教会分别重复着亵渎神圣、破坏、掠夺的行为。由于其行为过于残酷，以至于有天主教的神父称"天主教军队才是真正的无神论者的集合体"。库雷斯裴神父写道："人类的垃圾被动员起来到与异端的作战中。他们是无神论者、冒渎神灵者，被绞死百次都不足以赎罪。神是不可能让这样的人取得胜利的。"士兵们在教堂践踏圣体，甚至在圣水盘中排便。16 世纪中叶，法国国王曾反复发出通告禁止上述行为，但是终归无效。

更为严重的情况出现在三十年战争时期（1618 年～ 1648 年）的德国。雇佣兵中有很多人原本就是社会的失败者、犯罪者、山贼、骗子、性虐待狂等人格障碍者、精神病人等等。雇佣军就类似于一个三万人到五万人的大的移动监狱、移动收容所。如果中途解散的话，就会造成秩序的更加混乱，所以，军队永久性地一直被维持着，而为了保证雇佣军们不造反或不逃跑，要不断地调整佣兵的工资以保持其处于半死不活的状态。当时尚未建立犯罪者和心理障碍者的隔离体系，所以，才将其作为佣兵给予吸收。作为为了让这样一个"无神论者"的群体能够改邪归正、重新回到神那里的尝试措施，诞生了"随军牧师"的体系。在法国，亨利二世（1519 年～ 1559 年）在 1555 年和 1558 年两次下令按照每一个联队（译者注：团级）1 名的比例向军队中派遣随军牧师。随军牧师，当然既不是为了让虔诚的士兵们即使在战场也能够参加宗教典礼，也不是为了祈祷胜利和提高己方士兵的士气。西班牙也引入了该体系。不久，该体系又被编入罗马的中央集权的体制框架之中，即随军牧师从属于不拥有固定地理范围的战地移动主教区主教。

由于法国并不喜欢这样的体系，故而采取了请求移动主教区主教推荐随军牧师的形式。但是不希望将优秀的牧师置于战地危险之中的主教们，往往将最没有德望的牧师派遣出去，故而，军队的状况并没有好转。法国的耶稣会随军牧师留下了诸如《基督教士兵的心得》《优秀士兵》《士兵的榜样》等大量手册，但是，并未能太多奏效，即使在军官之中，无神论者也不少见。

虽然本该以神的名义进行的宗教战争却由无神论者来承担的事实令人啼笑皆非，但是，在民众蒙昧和迷信，知识分子表现为怀疑的、合理主义的、自由主义的倾向的同时，在战争这个无法无天的地带则存在着自然发生的无神论者的集团这个事实，还是值得特别记述吧。

十七世纪的无神论

自由思想者与无神论

文艺复兴与宗教改革的时代，是"理性"从宗教那里开始独立的时代。既有完全否定宗教的理性者，也有厌恶理智主义的宗教、探索个人信仰含义者。仿佛是中世纪"二重真实论"的变异，既有将个人的非宗教的信念与社会的保守主义相调和者，也有将个人的内在的宗教信念与社会的自由主义相调和者。

在新旧两派的宗教战争告一段落、相互共存的 17 世纪，被称呼为自由思想者的人们所组成的圈子开始出现。这并非属于个人的叛逆，而是在神职者、神学家、贵族们之间都可见到的倾向。宗教当局尝试着给他们贴上与快乐主义属同一含义的"放纵"的标签。他们影响力如此不可忽视。实际上，他们属于超宗教的或非宗教的圈子，对既成的诸价值观不断进行怀疑的近代批判精神为其主题。

据 1598 年亨利四世（1553 年~1610 年）所颁布的《南特敕令》，新旧两派的对立在表面上获得解决的法国，在 17 世纪前半期，相当自由的氛围占据了支配地位。另一方面，天主教在革新，修道会兴盛起来，神秘热也变得高涨。这又与詹森主义、波尔·罗雅尔修道院运动关联在了一起。但是，文艺复兴以来的对神的不信仰之根确实在发展。圣体修道会叹息道："法国为无神论者和理神论者、自由思想者、异端、分离派、诅咒神者、冒渎者所充满"。

不过，在封闭性的私人的圈子里，开展自由的讨论，主教和无神论者交换着意见。连国王的图书管理等人也参加，成为一个享受着一种治外法权特权的场所。国王弟弟奥尔良公爵的宫廷中就有这样一个圈子，布里萨克公爵（1625年～1661年）、拉里维埃等集会，多次反复进行自由的讨论，其内容会以诗词的手稿形式在内部流传，但为了不让内容流传到外面进行着相应的危机管理。其中，展开着诸如"死后什么都没有，这是不言自明的""只要有红酒，三位一体等怎么都无所谓""钟声、弥撒是为了什么？不可能让死者复苏。依据理想应该相信灵魂与肉体会一起死亡"等等过激的无神论言辞。

自由思想者（包括无神论者和理神论者）的另一个温床是医学界。16世纪以来，生理学超越信仰的倾向增强，不符合教义的博士论文也光明正大地被发表。新教徒、里昂的医生路易·德·赛尔称："给我200埃居我就去弥撒，给我400埃居我会去做犹太人，给我600埃居我会当土耳其人，给我1000埃居我可以放弃天国的位置。"这些言辞通过后述的梅森神父的报告等传了下来。巴黎大学医学部长盖伊·帕坦对耶稣会见而生厌，对民间信仰进行嘲笑，并引用普林尼、塞涅卡、西塞罗的语言，列举了16世纪的无神论作品。曾在巴黎和蒙彼利埃的医学部学习的路易·巴赞对犹太教、伊斯兰教、新教都进行了尝试之后，指出宗教不过是政治的工具，并总结说："《圣经》是小说，基督教是寓言，耶稣是骗子。"担任马萨林（1602年～1661年）的图书管理的医生卡布里埃尔·诺代对诸宗教进行了历史分析后指出，如同帝国的兴盛和灭亡一样，宗教也会遭到异端或无神论的不断侵蚀。由于印刷术的发展、地动说和新大陆的发现以及宗教改革的结果，基督教变弱，在弗朗索瓦一世以前见不到的无神论者横行起来。"恶魔附体＝歇斯底里说"也在这时产生。在将"精神病"概念从宗教中分离出来的问题上有了共识，而杰克·戴帕尔（1380 年～1458 年）就已经对发狂的人不去看医生而是去求助于圣人或请求牧师驱除魔鬼的做法进行了批判。

皮埃尔和杰克·杜普伊兄弟所主持的团体从 1617 年一直持续到 1645 年，成员有医生、法官、大使等外交官。他们基本是采取了等价地看待所有的宗教的相对主义立场，但在表面上则遵守对社会和国家有益的、不可或缺的天主教礼仪。这与下一时代的"共济会"如同秘教似的疑似教会一样确立了自己的典礼和仪式的组织在性质上完全不同。

与科学的关系

虽然被教会正式视为敌人，这些自由思想者，高阶神职者、知识人士、贵族的大部分都属相同阶级的出身者。如同天主教神学为理智主义，他们共通的是启蒙的理性主义。他们"共通的敌人"是蒙昧，所谓"蒙昧"就是以来自于古代自然信仰的泛灵论为基础的魔术、迷信。为了克服这种"巫术式的思考"，自由思想者和教会分别采取了不同的方法。自由思想者希望废除世上的巫术，以简单的机械论来把握世界，即社会的非宗教化和世俗化。与此相对比，在中世纪对巫术或迷信的民间信仰给予姑息的天主教会，为了与新教相对抗，在 16 世纪的谋求"（译者注：教会的）近代化"的特伦多大公会议之后，结束认为神（=anima 灵魂）残存于所有的地方的巫术世界观，尝试着将神重新回归于"超越"位置。将神重新回归于"超越"，把被造物世界当作神的机械，这同样属于以机械论来解释世界。这意外地将在此之前一直被注入神学之中的理智主义从神那里解放出来。当然，这也伴随着风险。废除所谓人与神相互作用的巫术，不止理性与信仰，而且人与神也会背离，人们会意识到神的"不在"。因为废弃巫术，为主张"虽然神创造了自然这个机械，但不会干涉其运转，所以，巫术等没有可能性"的理神论开辟了道路。另一方面，离开逻辑学、去掉了琐碎的神学议论之后的信仰，推动了个人的神秘体验、感情、目标。这因此确实使作为人为机构的教会组织陷入危机。

这时的教会的使命也包括"对世界进行科学的解释"，这从耶稣会或耶稣祈祷会（Oratory of Jesus）组织中不断涌现出有名的化学家、生物学家、天文学家、物理学家等的事实中也可知晓。科学精神甚至被认为是伦理上的德行之一。

不过，自由思想者并非都是科学主义者。这属于相对主义的生活方式和世界观问题，而与伽利略那样的意大利自然主义或近代科学未必联动。既有如盖伊·帕坦那样的虽然是自由思想者、相对主义者，却反对血液循环论的人，也有如布莱士·帕斯卡尔（1623 年~ 1662 年）那样一边具有深厚的宗教感情、接近波尔·罗雅尔修道院一派，一边赞同哥白尼的学说理论和体系的人。笛卡尔也是一位信仰与科学共处者。支持原子论的快乐主义者伽桑狄（1592 年~ 1655 年）同时也是教会参事会员、神学家，他真正地想将天主教教义与科学相调和在一起。他认为，因为原子也是神创造的，所以原子论与"创世纪"可以并存。

小修会的马林·梅森神父（1588年～1648年）也放弃亚里士多德而采用了伽利略的学说，并认可了原子论，承认了地球自转和公转，他认为上述学说与圣经应该能够和解在一起。他主张，献身于科学研究就等于信仰，天国所有一切都会变得明快有序。科学是教会最强的同盟者，信仰者可以是数学家。梅森展示了科学神秘主义的热情。1623年，他对"巴黎有5万无神论者"的情况表达了担忧，再次投入"神的存在证明"活动之中。他梦想着信仰与科学的统一，与全欧洲的科学家们保持着通信交往。他对斯多葛学派、快乐主义者、怀疑主义者、理神论者都给予了批判。1624年为了与理神论者的著作相对抗，写作了《关于理神论者、无神论者、自由思想者对神的不信仰》，1625年发表了两卷本的《怀疑主义者、皮浪主义者与科学的真相》，1634年最终在《神学、物理学、道德、数学的诸问题》中展开了对神的存在的"科学证明"。

也有著作具体记录了这个时代的情况。如亨利四世的忏悔牧师皮埃尔·哥顿神父（1564年～1626年）的著作《贤者与世俗的伟人对话的神学家》。该书在作者去世很长时间后的1683年才被出版，以精英阶层之间普遍存在的不信神的现象为主题，记录了人们就无神论和宗教的多样性所展开的实际对话，内容非常珍贵。根据该书可以获知，当时人们走向无神论的原因是综合性的。首先，与亨利四世一起从加尔文派转向天主教的人并不少，他们变得对教会的历史拥有兴趣，并持有着相对化的立场。其次，文艺复兴以来"基督教以前"的古代文化的素养的提高，也培养了相对主义的识别力和眼光。最后，欧洲的基督教社会通过大航海时代对新世界的"发现"，积累了关于宗教文化多样性的知识，而这又培养了其相对化的立场。这三者相互结合，大大动摇了人们对天主教的绝对信仰，并使人们大量转向不信仰神或无神论。

不过，有趣的是，对非欧洲文化的发现，也曾被用于对无神论的反驳方面。即，世界所有的民族都相信"永恒的神"的事实的发现，被用来证明宗教的普遍性，以对抗那种认为"神等并不存在，这都是蒙昧的结果"的观点。无论是非洲、美国、加拿大还是中国、日本、阿拉伯，"哪怕是新的世界中没有法律、没有法官、没有国王、没有科学的地方，也都有着宗教"这一事实，让人们明确了宗教是人类共通的普遍现象这一情况。

哥拉斯神父的论争

耶稣会的弗朗索瓦·哥拉斯神父发起的论争也有名气。他在1618 年到 1622 年间发表了一系列的谴责新教的著作以及批判自由思想者的著作之后，于 1623 年发表了厚达千页的《最近的有才能者的奇妙学说》。哥拉斯认为，所谓自由思想者，并非是胡格诺教徒（法国的加尔文派新教徒）、天主教徒、异端者、无神论者、政治家等的一个一个的人，而是呈现为上述各类人的组合形象。在该书中，还有基督教徒与胡格诺教徒、无神论者之间的虚拟的对话内容，其中胡格诺教徒宣布说："虽然不能说不相信神，但也不是全部都相信。"

大多数的自由思想者，平时会去教会，也会进行忏悔，他们将内心中的不信仰隐藏了起来。但是，也有那种特意去胡格诺派教会，嘲笑其严谨，或做出某种不端的行为等挑衅性的年轻的自由思想者运动家。多为贵族、法官、金融家的子弟，他们与被神秘热所驱使、成为詹森主义者的年轻人构成为相反的两个极端，但实际上有着相同的一面。

据哥拉斯称，有才能者是自由的，"被解放的精英"意识支持着自由思想者。所谓诸神，不过是自然的别名，事物并非由神的意志而是由命运决定。精神有三种，机械性的精神会使人陷入迷信，较高贵的精神会让人自己去选择相信的对象，而只有最高级的精神会使人成为自立、自律的自由思想者。与自由思想者如此被赋予了自由的芳香相对，过激的无神论者则是无益的，他们属于挥舞着琐碎的科学主义，对一切进行怀疑之辈。哥拉斯认为，这样的无神论的态度，有可能属于"黑色的体液（胆汁）循环到大脑所引起的"抑郁症症状。抑郁症多出现于知识分子阶层中，秋天多发，有时会引起自杀。类似这样的"体质论"在当时很流行。英国的神学家罗伯特·伯顿（1577年~1640年）的《忧郁的解剖》（1621年）称，忧郁的一个原因在于"宗教的过度"，即对地狱的恐惧所产生的绝望感引起了忧郁。天主教中此类的迷信过多，而新教中则末世论色彩浓郁。

描写了自由思想者真实情况的哥拉斯的著作，理所当然地受到了来自自由思想者的反对，而被片面地断定为无神论的新教也提出了抗议，进而，连天主教阵营也对他进行了谏诤。他著作很有可能是种自找麻烦的行为。哥拉斯自己也对此事进行了反省，不过他认为，加尔文之后，该种"无神论的理论"为人所知，已经不再是秘密。1623 年，即哥拉斯发表著作的当年，弗朗索瓦·奥吉尔神父很快即发表了严厉的评论《对弗朗索瓦·哥拉斯的奇妙学说的见解和审阅》。他声称，哥拉斯这样广泛地介绍无神论者的想法，到底是怎么回事呢？这样的问题只应该在精英们的封闭的圈子里被议论。这句话指的是，哥拉斯的著作没有以拉丁语而是以法语写作一事。

这样的说法，反过来等于从另一方承认了无神论者的不满说辞的民众不能议论神学，只能在不理解的状态下去相信神学。奥吉尔评价说，哥拉斯就是对神对人都进行嘲笑的拉伯雷，并讥诮其远远不及皮埃尔·沙朗的神义论的水平。曾经讲过无神论者的强韧的灵魂的沙朗的著作，甚至得到了自由思想者的良好评价，从中我们可以观察到，当时的这类著作，根据解释的不同如何被以各种各样的方式来接受和理解。

但是，哥拉斯对这样的谏诤却采取了过度反应。翌年初，他发表了 300 页的《辩论》，指出，这种消极主义是种欺瞒，应该让人们正面去消灭世上所弥漫的对神的不信仰和无神论。沙朗等人属于在以绳子勒紧读者的宗教感情，将他们引导到快乐主义哲学之辈。哥拉斯继续进行着反驳。1625 年在索邦神学院的认可下，出版了大部头的《神学大全》。在书中，沙朗再次被批评，哥拉斯警告说，企图消灭神的概念的无神论正在不断蔓延。

对此，1626 年初，詹森派的圣·齐兰修道院长以匿名的形式出版了三卷本的《弗朗索瓦·哥拉斯神父的"神学大全"中的错误与重大出入》。该书对哥拉斯面向大众的哗众取宠行为进行了强烈的指责，为沙朗进行了辩护。

17 世纪在天主教内部所发生的上述批评与应对，特别是耶稣会与詹森主义之间的论争，反而导致了推动这个时代的对神的不相信以及无神论的讽刺性结果。不过，被沙朗称作"具有强韧的灵魂"的无神论者，在 17 世纪那个时代，即使拥有相当的合理主义精神，但要想做到抛弃那种认为"不信神者死后也许要堕入地狱，被永恒的劫火焚烧"的疑虑，也是件不容易的事情。困惑是一直有的。很多不信神者在社会上继续做出信神者的样子，这不单单出自对可能面临的异端审判的惧怕，而且也是来自对死后所要去的世界的恐惧心理。实际上，从沙朗的著作也受到了自由思想者、神职者的拥护这点上可以看出，异端审判的基准也是暧昧模糊的。乔尔丹诺·布鲁诺的审判，已经象征了当时信仰与不信仰神之间的界限的暧昧性，而 1619 年在图卢兹作为无神论者被处以火刑的意大利流浪僧人朱利欧·切萨雷·梵尼尼（1585 年~1619 年）所展开的学说，也处于该暧昧模糊的位置。他在《永恒天理的园剧场》（1615 年）中叙述道，关于各种天启或奇迹等的言论是为了让人们服从而捏造之物；圣痕或奇迹应该有其物质的原因，死后的复活或灵魂的不灭的说法并不可靠；如果神存在的话，会和自然一样受到某种必然性的引导。1623 年成为禁书的《自然的对话》采取了荷兰的无神论者与威尼斯的犹太人的对话形式。在形式上，该书是一本列举了该时代针对基督教的各种异议，然后围绕异议一个一个地进行申辩的书籍，但是，因为该申辩本身并没有什么大的说服力，结果，该书被判断为实际想写的是异议内容，进而遭到批判。关于该书，笛卡尔称不能视为无神论，后来的伏尔泰（1694 年～ 1778 年）也在《哲学辞典》（1764 年）中提到该书，并认为梵尼尼的观点并非无神论。梵尼尼提出的存在包括神、天体、人的精神或合理的灵魂、感受性的灵魂、植物的灵魂五个阶段的主张，到启蒙时代为止发挥着长期的影响。

欧洲其他国家的情况

如在帕多瓦学派和梵尼尼那里所见到的那样，天主教中心意大利也和法国同样为自由的空气所支配。据盖伊·帕坦等称，意大利自薄伽丘以来一直为自由思想者和无神论者、什么都不信的不关心派所充满。在罗马，只要不攻击教皇个人，什么都可以说或写。吉罗拉默·包利是完全的无神论者，他称，第八重天（基于托勒密的天动说，天国共有十重天，到八重天为止是行星和恒星，九重天以上为神的领域）之上什么都没有，有的只是盛着异端审判官吃的马卡龙的盘子。据说，在 17 世纪，来自所有阶层的"暴发户"都成了高职位的神职者，从属于他们的医生团、书记官、事务官等中则集中了无神论者。

自己也是医生的诺代指出，教皇乌尔班八世（1623 年～ 1644 年在位）的御医朱利欧·曼西尼甚至也是占星术士，嘲讽过四旬节，但受罚仅针对他对教皇权、教廷的批判，而当这种批判与无神论言辞重叠时，哪怕是像特罗伊洛·萨维拉这样的 19 岁的男子也被斩首。

帕多瓦大学的教授克雷莫尼尼（1550 年～1631 年）自认是亚里士多德的忠实者。亚里士多德没有提倡灵魂不灭，并将科学与宗教相区分开。克雷莫尼尼也赞同"二重真理论"，科学与宗教的和解没有必要。灵魂属于自然，伦理、自由的能力也属于医学的范畴。神掌管着以天体的活动为首的宇宙机制，但不具有人格意志。

克雷莫尼尼的过激意见当然引起教廷的警惕，1611 年开始了调查，1613 年宣布了其学说属异端。对此，克雷莫尼尼辩护说，自己所说的非永恒指的是身体内所存在的作为自然科学对象的灵魂，而非宗教上的概念；非人格的神也是物理学上的神，而非宗教上的神；宇宙论也是自然哲学的话题，与神学上所说的并不相同。正因为帕多瓦处于威尼斯的庇护之下而能够免于异端审判，上述这样的自然主义的泛神论才得以继续吧。

哪怕是在天主教占优势的意大利、法国都是如此，所以在欧洲其他国家，无神论的情况也是严重的。因在宫廷中召集人文主义者，并聘请了笛卡尔而闻名的瑞典克里斯蒂娜女王（1626 年～1689 年），拥护着自由主义的、挑衅性的无神论言辞。诺瓦耶伯爵的侍从医生皮埃尔·布鲁德勒向瑞典的长老牧师进献了《无神论者的公教要理》。其中写道："天上没有任何人居住。无论是意大利，还是法国，知识阶层都不相信神。"克里斯蒂娜于 1654 年将王位让给了表兄，退位后其改宗于天主教，在法国、罗马居住。在安特卫普与克里斯蒂娜会面的孔代亲王，对曾公开称自己不知道神也不知道宗教，是无神论者，并对被恶评为毫无顾忌的克里斯蒂娜给予了同情。克里斯蒂娜的图书管理者伊萨克斯·弗修斯教授也否定神启，死时是无神论者。

荷兰更是自由主义。梭默斯就 1575 年成立的莱顿大学，写道："所有的宗教者、无宗教者、自由思想者都是自由的。"在荷兰，不少知识分子至死都公开说自己是无神论者。伊萨克斯·弗修斯的父亲吉拉德斯·弗修斯在《政治军事论》中首次尝试了叙述无神论者的历史。

在英国，从 17 世纪初开始，也呈现出与法国自由思想者相似的动向。聚集在福克兰公卿之城堡的年轻贵族们，无论对天主教还是对加尔文派都进行了同样的批判。1601 年，尼科尔·希尔倡导了地动说、世界多样性以及原子论。清教徒革命时期的 1650 年至 1657 年，没有了出席弥撒的义务，甚至出现了两周只举行一次弥撒，连洗礼、坚信礼、葬礼都被简化的教会。1653 年民间的婚礼（译者注：即在市政厅举行的婚姻仪式，异教徒或讨厌教会者会采取此形式）出现，而在此之前，婚礼一直是被当作由教会专门来进行的圣礼。在没有传统势力进行审阅的时期，各种各样的无神论议论浮出水面。在否定耶稣的神性、否定灵魂不灭和复活、否定圣经的权威的同时，一直利用着宗教的过去的体制受到嘲笑。做出"神并不存在、只有自然是存在的"这样的断言的人并不少见。劳伦斯·克拉克森、威廉·富兰克林公开说："天国、地狱只存在于人的心中。如果运气好，在这个世上过着好日子，这就是天国；如果贫困、悲惨，像牛马一样死去，这就是地狱，""行星之上没有神也没有全能的存在，除了照耀万人的太阳之外，也没有耶稣""所谓十二使徒，就是占星术的黄道十二宫。"他们于 1656 年遭到批判。因《失乐园》而为人所知的约翰·弥尔顿（1608 年～ 1674 年）在 1673 年写道："所有人都在慨叹这个国家的恶行，数年来，无论是数量还是程度上都在增加。傲慢、奢侈、卖春、诅咒、渎神以及公开的无神论到处都大量存在。"审阅局的头目罗杰·埃斯特连慈在 1680 年代成为个人攻击的对象，被称为隐藏的天主教、魔鬼的爪牙。关于渎神罪，坎特伯雷大主教所提议的法案在 1721 年被议会否决。因为与罗马或天主教的神职者集团不在一起，所以，驱逐魔鬼的体系以及对圣遗物的信仰心等也成为自由批判的对象。原子论与公元前 6 世纪希腊自然哲学家阿那克西曼德的物质主义将混沌作为世界的起源，这又诱发了无神论。

剑桥大学的大学家拉尔夫·卡德沃斯（1617 年～ 1688 年）于 1678 年出版了大部头的神义论书籍《真正理智的宇宙体系》第一卷，他宣称，无神论者继最容易攻击的基督教之后，破坏了所有的宗教和有神论。他列举了成为无神论基础的十四个论点：

一、谁都不会拥有关于神的认知，所以，对神的理解是不可能的。

二、从无中不会生出任何事物，所以，世界是不变的。

三、存在的事物有大小。神无大小，所以不存在。

四、将非肉体的灵魂当作所有事物的起源，就是将空虚的抽象概念当作世界的原因。

五、不可能有具有肉体的神，因为具有肉体的所有东西都会灭亡。

六、灵魂是原子的偶然的组合。

七、理性完全是人类的，不可能有神圣的理智。

八、活着的东西都是由原子构成的，会衰变。神不会不死。

九、神被称为第一动因。但是，自己能动的事物是不存在的。

十、思维中的存在，不能成为运动的原因。

十一、所谓认识，就是赋予认识者之外的事物以形状。所以，世界在被认识之前就存在着。

十二、世界过于不完美，所以，不能说是神的作品。

十三、人的活动过于无秩序，所以，无法想象神的意志的存在。

十四、将所有事物一次性地秩序化的能力会妨碍获得幸福感。

除此之外，卡德沃斯还举出了诸如"在创造天地以前神在做什么，对创造一事为什么会等待，神为什么禁止快乐？"等等无神论者的疑问，并从终极原因角度对这些问题进行了回答。

这样的书籍存在本身，表现了基督教在面对这个时代英国无神论的兴起时所产生的危机感。实际上，宗教拥护者对无神论者的不宽容程度也在增加，也出现了大量反动书籍。1697年威廉·特纳为了反驳无神论，在《最明显的神的意志的历史》中，列举了神的介入（译者注：对世界的干预）历史。

异文化的"发现"与相对主义

整体而言，这个时代的神义论、护教论呈现出来的都是在自惹麻烦的样子。也就是说，神义论或护教论所做的一切，其实都有利于将此前被封闭于拥有自由思想的知识分子圈子之中的无神论的理论广泛地为普通人所知。

如前所述，当时的几乎所有的科学家，都是神职者或与神职者同属相同阶级者。并不是像作为现代人的我们偶尔误解的那样，是近代科学的发展才导致作为旧弊的、蒙昧的传统宗教衰退。因为合理主义是在神学内部被驯服地生存着，所以，科学的新理论本身，与其说是公开地与信仰或教义相对立，倒不如说其反而使信仰或宗教正当化了。同时采用太阴历和太阳历的基督教典礼日历所必需的复杂计算（天动说要求更复杂的计算，地动说获得承认时，最感到安心的也许就是神学家。这是因为由于地动说的缘故，关于天体运动的所有计算，都变为与神的事业相适合的轻松、简单的有秩序之物）以及以此为基础的教堂的建筑技术，促进了数学、天文学、几何学的发展。科学的新理论，甚至哲学的新理论，也不会直接成为基督教的敌人。因为对于大多数人而言，科学与信仰一般会共存。虽然在《圣经》上写着神创造万物，但其后是以神与人的关系为中心的记述，几乎没有触及过自然的构造，所以，"自然哲学"这个领域获得了比较自由的发展。

不过，在既存体制内部，对无神论的警惕已经成为一种强迫观念，所以，各种各样的神义论、护教论者们，会详细地举出无神论者的说法以试图进行驳倒，这样，却使无神论的观点被知晓、被传播。其结果，过去作为使信仰、教义正当化的手段而存在的数学，也被无神论所应用。例如，如同"全人类复活所必需的体积变得比整个地球的体积还大，所以，肉体的复活是不可能的"的说法那样，出现了要求就教义的所有内容进行"论证"的风潮。受到方法论上的怀疑精神所引导的人们，其所持有的对宗教的坚信在一点点消失。笛卡尔、伽桑狄的科学主义与其说是对宗教的否定，不如说是展开了怀疑的视野。特别是斯宾诺莎（1632 年 ~ 1677 年），否定了对圣俗的二选一，回到了"原初的统一"这个中立的立场上，所以，与其说是无神论，不如说是提示了"作为人类原初状态的无宗教体系"。

对这个时代的怀疑主义从另一个方面提供支持的是新世界"发现"以来出版的大量旅行记所带来的新知识和相对主义。法国商人让·查汀（1592 年 ~ 1655 年）在《波斯旅行记》（1686 年）中写道："怀疑是科学的开始。什么都不怀疑的人就什么都不想探寻，什么都不去探寻的人就什么都发现不了，什么都发现不了的人就会停留于蒙昧状态。"

由于大航海所带来的对异文化的"发现"，人们开始进行历史的比较研究，与此相伴随，又进行了对《圣经》的科学验证和解释。基督教世界以外的广大世界的样态，大大动摇了欧洲的地理与历史以及圣经学。从该动摇状态，又诞生了与狭义的教会保持距离的理神论的理论，从中进而使无神论的理论获得发展。

大航海时代初期时的欧洲人的心理状态，有时被误解为清一色的帝国主义征服欲和基督教的支配欲，但如我们已经看到的那样，文艺复兴时期的欧洲本身远远不是铁板一块，除了外交和传教之外，纯粹的好奇心以及对旅行的憧憬也占了很大一部分。关于文明观，也有体现为《格列佛游记》、《鲁滨孙漂流记》的相对主义化，文化上的对中国的兴趣以及对土耳其的兴趣也很受赞赏。

虽然相信在应许之地建设神之国度而渡海到北美的清教徒殖民

者对原住民的残杀，盯着丰富的贵金属的西班牙人对阿兹特克文明、印加帝国的征服是事实，但与士兵相比出身于知识阶层的大多数传教士们以比较文明的视角对其他文明进行了观察，也有人主张"未开化的人也有灵魂"，并向罗马教皇控诉要求禁止残杀原住民。实际上，在中南美，混血方面较快地取得进展，天主教的巴洛克式文化繁盛起来。并且，正是这样的文明之冲突所带来的文化冲击，带给传教士们对基督教的深深的怀疑之心和自省之心。

有人认为，在其他民族所拥有的其他宗教的多彩性面前，虽然自然的神性和宗教心具有普遍性，但基督教未必站于其他宗教之上，也有人在面对其他的宗教的蒙昧性时对自己的宗教感到失望。印度的宗教中，存在着长着一百个手臂和十个脑袋的奇形怪状的神，人们会就生活中的所有事情，向其进行祈求，目睹这样的"迷信"和"蒙昧"的真实情况，有人会"觉悟"到向装入到夸张地装饰起来的圣体器皿中的不发酵的面饼进行祈祷也同样的迷信和愚昧，从而放弃对人格神的信仰。关于伊斯兰教，有人称其是神惩罚基督教的工具，也有人如法国数学家孔多塞（1743年～1794年）那样评价道，与基督教相比，伊斯兰教教义单纯、合理，也更宽容实用，而这又带来对理神论的拥护。

但是，对于欧洲人来说，最具冲击性的，并非是17世纪末之前对自然宗教的普遍性——无论多么未开化的文化都存在着神或宗教——的确认，而是对那种以无宗教或无神论为标准环境的文明的"发现"。

拉巴神父（1683年～1738年）曾试图对加勒比海的居民进行

传教，但归于失败，其报告称，他们（译者注：加勒比海居民）对宗教"自然不关心"，对于得救没有认知能力。据称，巴西人也没有神的概念，也无带有神的含义的词汇。也有的民族皈依了基督教并接受传教士的洗礼，但过了 30 年之后就忘掉了这一切，一点基督教的痕迹都没留下。孟德斯鸠（1689 年～1755 年）曾于 1716 年在波尔多的学院宣告说"所有的人类都有着'至高存在'的概念"，但在巴黎见到一名中国人并进行分析之后，他又得出结论为中国人是无神论者、斯宾诺莎主义者。伏尔泰（1694 年～1778 年）也在 1732 年称中国人是无神论者，后来又改变了看法，认为中国人有理性宗教。耶稣会士将中国人评价为心灵论（译者注：认为心灵作用于物质世界，会引发神秘现象）者、理神论者。还有一些的评价称，中国人虽然没有神启的观念，但是却理智、平和、充实、现实。

也诞生了比较宗教的视角。当发现无论是古代人，还是墨西哥人、日本人，都存在着共通的宗教神性时，产生了这样的观念，即在犹太教＝基督教的神启以前，神在创造万物的同时，就将自己的形象以某种形式刻画在了世界中。也出现了关于宗教的"人类的"起源的研究。有人认为，统治者作为统治和维持秩序的工具而发明了宗教，这就是宗教的起源；没有宗教的社会也能够充分地构建起来。还有人将埃及的赫里奥波里斯（太阳神崇拜的中心地）的祭司等的古代历史记述与基督教相比较，得出了怀疑摩西可能是对埃及神话的模仿的假设；还出现了与亚述、巴比伦、苏美尔、中国的历史相互比较的方法论。有人认为，诸宗教起源于人们的无知和试图将自然当作自己伙伴的欲望。基督教也不过是兼具多神教与一神教性格的宗教之一。

《圣经》研究的开展

同时，圣经学也与世俗的文献一样，被人们运用文法学、文献学、考古学、年代学等进行研究。例如，耶稣祈祷会的理查德·西蒙（1638年～1712年）的《〈旧约·圣经〉的批判历史》（1678年）出版时，莫城主教博热（1627年～1704年）对其进行了严厉批评，称其为自由思想者的堡垒。从教父时代起，从启示的文献中找到复数的含义是被允许的。但是，这些含义要能够同时成立，其间不能相互排斥。例如，同一个文献即使兼具寓意、道德的含义、类推的含义、历史的含义等等，也不能够去否定文献的字面所示的真理。如博热在《世界史叙说》中所说的那样，天地创造是公元前4004年，从那算起，1656年后出现大洪水，1757年后巴别塔倒塌，神选召亚伯兰是在2083年后，那之后430年神颁布十诫，这样的"历史"是不能够动摇的。新的《圣经》研究则动摇了这样的"确信"。1655年新教的拉·裴雷尔引用《新约·圣经》中的《罗马书》，称在亚当之前地上就已经有人的相关书籍被烧毁。英国思想家霍布斯（1588年～1679年）也对《圣经》进行了批评；斯宾诺莎（1632年～1677年）则称，因为《圣经》是单纯的人们运用想象力而非理性写成的，所以，充满了矛盾、错误、假冒的奇迹等。摩西不是《摩西五经》的作者，《约书亚记》、《路得记》、《撒母耳记》、《列王纪》等缺乏可信性，是人所作，基督教不过是历史的暂定的现象。

不过，由于 16 世纪以来有不少对《圣经》的冒渎性言论的缘故，神学家们对斯宾诺莎那样的无宗教信仰的见解并未抱有特别的危机感。教会最害怕的是，正派的信徒进行的比较宗教或比较历史的研究所带来的视野的扩展。实际上，从历史学角度对《圣经》的研究，在 1690 年到 1730 年间向理神论倾斜，不久则给实证的无神论提供了依据。

来自自然科学或地理学的观点的批评也同样如此。英国的托马斯·伯内特在 1692 年，就诺亚方舟一事，以图式、数式证明了 40 天大雨引发淹没山顶的大洪水的不可能性。1696 年剑桥大学数学教授威廉·惠斯顿在《新地球论》中尝试着调和牛顿与《圣经》，但是反而引起了神学家的不快。罗伯特·胡克根据化石的分析，说明了物种的灭绝，动摇了神创造的物种是固定的看法。从 17 世纪末开始一下子扩展开来的为数众多的对《圣经》的人类科学研究，远比 16 世纪以来的对神的嘲笑的冒渎性言论或不关心更为深刻，从内部切实地侵蚀了基督教。

费雷拉的无神论

对 17 世纪欧洲的天主教会给予震惊的无神论事件之一是在日本发生的。身为耶稣会士的葡萄牙人传教士、日本代理管区长克里斯特芬·费雷拉（1580 年左右～ 1650 年）因难以承受被倒吊在竖井里的酷刑拷问，放弃了基督教而皈依了禅宗。费雷拉是继沙勿略、范礼安之后的日本第二代传教士，他从 1609 年开始以畿内为中心进行传教，（在江户幕府）对基督教传教者及信徒的取缔行为变得严厉之后，在长崎隐藏了起来，但在 1633 年被捕。费雷拉与其他的日本人基督教信徒一起遭到拷问，所有人都殉教了，唯有他放弃了基督教信仰，成为"改信佛教的神父"。其后，费雷拉被赋予"泽野忠庵"这个日本名字以及日本妻子，并担任了长崎奉行所公仪宗门改役顾问，也就是"宗门捕吏"一职。完成了可称为非欧洲世界的首部真正的无神论著作《显伪录》，该书有 60 页，对教会和教义两者给予了批判。他对压迫民众、过着奢侈生活、通过武力使传教正当化的教皇进行了谴责，指出了十诫是编造的故事，基督教也是人为之物，神并未创造世界，灵魂也不是不灭等等，以及东方三博士的传说，圣母是处女，洗礼、告解、圣餐的欺骗性、最后的审判的不合理性、肉体复活超出常识等众多内容，歌颂了理性，主张妥善应用理性。

因为费雷拉成为佛教徒，所以，他并未否定宗教本身，但也没有像过去空海所著的日本最早的比较思想论著作《三教指归》对佛教与儒教、道教相比的优越性进行证明那样去主张佛教相对于基督教的优越性。通过观察费雷拉的相关议论，我们可以知道，其观点实际上是对从中世纪末期到文艺复兴时期已经在欧洲所有地方出现的反基督教、反宗教的言论的沿袭。受到费雷拉弃教事件的打击，在其后反而特意申请去日本的传教士并不少。远藤周作以此为原型写作了小说《沉默》（1966 年）一事广为人知。在现代的法国，杰克·凯利吉通过小说《临死》（2003 年）分析了费雷拉转向佛教的心理。但是，费雷拉并非是因为他与其他殉教的日本人基督教徒相比忍耐痛苦的能力差而弃教，好像也不是因为弃教了才被迫写了批判基督教的书籍。在费雷拉所属的耶稣会，如前面所述的哥拉斯神父的书籍中所看到的那样，新教徒或自由思想者的主张已经广泛地为人所知。费雷拉作为科学家好像也属站到了当时最前列者，他写作了天文学、外科医学的书籍，打下了日本兰学的基础。他所提出的"善用理性的进步主义"的劝诱，可能是发自其内心的语言，他所做出的对基督教的批判中，可以看到亚里士多德主义、阿维洛依主义、伊拉斯谟的影响，进而，还有将上述这些联系在一起的马拉诺主义的影子。费雷拉出身于15世纪的收复失地运动（译者注：基督教国家所进行的对伊比利亚半岛的再次征服活动）以后改宗为天主教的伊比利亚半岛犹太人家族。他们被称为"马拉诺"，后者含义为隐藏的犹太人，但是实际上包括了皈依天主教者，拥有实用主义的自由主义精神的人，隐藏着的犹太教的实践者等等各种各样的人。这些马拉诺中也有些人逃亡到新教国家，再次回归犹太教。身为迁居到阿姆斯特丹的伊比利亚半岛出身的马拉诺犹太家庭的第三代并成为无神论哲学的先驱的斯宾诺莎与费雷拉之间也许有着共通之处。

观察费雷拉贯彻作为科学的合理主义者的使命的行为，我们可以说，当时的日本，主要是从政治上的意图出发对基督教信徒进行了镇压；而从基督教信徒所带来的科学技术被日本积极引进的事实出发，倒可以认为，像阿维洛依的"二重真实论"那样的妥协存在于信仰与理性之间。对于其中特意皈依一神教的日本信徒们来说，让他们灵活运用双重标准等等是不可能的，因此，一往无前地去殉教的普通人也许并不少。虽然他们皈依了基督教，但是，在欧洲已经和基督教表里一体的无神论言论却完全未被告知。在其后持续 250 年的德川时代，强制推行了管理户籍的檀家制的佛教。对于日本统治者来说，虽然由费雷拉从内部所进行的对基督教的反驳属于应该受到欢迎的工具，但是，如果推广到"叩拜神佛的蒙昧"地步就严重了。兰学在江户时代的日本虽然一点点被接受，但从同样的 250 年间欧洲所经历的"依据无神论的脱宗教的近代"的激烈变动中，日本什么都没学习到，甚至连问题在哪里都没有意识到。

在费雷拉稍稍之前，有一名叫做不干斋八鼻庵（1565 年左右~1621 年）的人，该人为日本基督教徒而"再次转向"，写作了对基督教进行批判的书籍（1620 年）。该书通过芥川龙之介的短篇《路西法》（1918 年）而为众人所知。该人原为禅僧，后改宗为基督教，与费雷拉同属于耶稣会修道士，是写作了那本论述了基督教比佛教、神道更优秀的《妙贞问答》（1605 年）的辩论家。将针对不同的一神教之间的优劣论述的传统应用于日本的佛教、神道，应该必须有日本人的辩论家参与，所以该书的意义很大。但是，经历了幕府儒学家林罗山的《排耶稣》（1642 年）一书所提及的论争之后，八鼻庵放弃了基督教，突然转向，写作了《破提宇子》（1620 年）一书。林罗山采取的是不止排除基督教，而是将儒教、神道之外所有一切都给予排斥的立场，而八鼻庵也并非在放弃基督教之后就返回佛教。他对基督教的批判遵循了欧洲原耶稣会士那样的批判基督教的常规，但加进了对白人霸权主义和优越思想的批判。该人放弃日本的宗教、走向"舶来宗教"，以及再次放弃舶来宗教并开始对其给予抨击，大概都分别表明了当时其所处的传统社会所给人带来的不舒服感。

这就是先行于时代的科学主义精神在最初向基督教的普遍主义与耶稣会的科学精神寻求光明与希望而未得，碰壁于异文化之后转为闭塞的个人的案例吧。八鼻庵的无神论与那种暂时以基督教为标准环境的17世纪欧洲的无神论不同，最终并未能发展成为形而上学。

十八世纪的无神论

法国的真实情况

经过文艺复兴与人文主义蓬勃发展以及宗教改革的 16 世纪，再经过自由思想者和科学主义、怀疑主义扩展以及作为其反动的神秘热高涨的 17 世纪，终于迎来了成为真正的近代开端的"启蒙"时代的 18 世纪，那么 18 世纪欧洲的基督教的实际状况如何呢？在绝对王权与天主教相结合、保持着主教任命权等实权的法国，表面上的天主教会的力量并没有衰退。从 17 世纪中期开始，主教会每隔两三年对自己的教区进行视察，对教堂的建筑、用具的状态、牧师和信徒的样子进行调查，下面我们来看下相关的调查记录。

17 世纪，对于每周日举行的弥撒，迫于社会的压力，几乎全部的教区的居民都会出席。但是，看下没进行复活节前的告解和拜领圣体者的人数的话，相关调查举出的数字为，在 1682 年欧塞尔主教区的农村地区，230 人中有 1 人、460 人中有 2 人、320 人中有 3 人，城市地区则为 550 人中有 60 人等等，所以，离开教会的人好像并不少。公证人、执行官以及贵族的家庭等，也有家庭全体成员不参加复活节前的告解的情况。有报告称，到了 18 世纪后半期的 1780 年，圣皮埃尔·瓦雷·欧塞尔教区 1500 人居民中有 500 人不参加告解，

40 岁到 60 岁之间年龄段的人中有四五人一次都没参加过拜领圣体。还有记录特别指出了自由思想者中的某某，7 年间没拜领圣体。这并不是该自由思想者被开除教籍（被禁止参加拜领圣体）的记录，他讲的是自由思想者，也就是按照自己的意愿未参加弥撒者。实际上，这个时期的无神论者们强调理性的优越，而愚弄信徒的人也不少。克莱蒙的主教马琼慨叹道："就连本来可以把没有知识作为优点的女性们，也对宗教表示怀疑，追赶着时髦，与丈夫们一起追求快乐"，并叙述了他认为法国的自由思想者并不自己思考而是引用斯宾诺莎的理论的看法。

大城市巴黎，当然处于更加严重的状态，据塞巴斯蒂安·梅西耶（1740 年～1814 年）在 1770 年到 1780 年的十年间所做的调查，只有一年之中三四次的大型典礼仪式时教会的信徒席位才会被坐满，而出席者的四分之三是女性。对宗教不关心者比不信仰者、无神论者要多，洗礼也成为替代出生报告的形式上的东西，接受洗礼的婴儿的教父的 98% 连《信经》（使徒信经、信条）都不会唱，他们会说："我记得旋律，但忘记了歌词。"结婚或临终时的涂油的圣礼也减少了。信教接近于完全自由，甚至可以在教区生活 30 年都不认识牧师，共济会、犹太人、新教徒、理神论者、詹森主义者、无神论者、对宗教完全不关心者等等相互共存，宗教成为争端的根源的现象已经是过去的事情。作为并非单纯的怀疑主义者的真正的无神论者较少，在穷人或病人中则几乎没有。布里萨克公爵、布雷特伊男爵等贵族属无神论者，列维侯爵等因为连洗礼都没有接受过，所以为了结婚匆忙完成了洗礼、告解、拜领圣体。洛代奥的主教让好几个情人公然地住在自己家中，并公开称不信神。

对无神论者的反驳

1750 年的法国神职者会议，对攻击宗教的不虔敬书籍（如《自然的结构》《耶稣基督的一生的批判性历史》《圣人的传染》《被揭露的基督教》）充斥的现象发出了警告。他们就民众离开宗教的实际情况，向国王路易十五（1710 年～1774 年）进行了说明，他们慨叹着政府的束手无策，申述道："如果民众被剥夺了宗教，就会发生过多的反常情况。"

主教们向那些信教者、怀疑者、不信者热心地宣传宗教的效用。宗教是比哲学更加平等的体系，宗教给所有人以坚信而哲学则扩展着怀疑，因为他们只从知识精英们那里获取知识。宗教奖励道德，通过良心的谴责制止恶德，通过告解来宽恕罪恶，安慰不幸的人，给人以不死的希望，保证公共秩序。

即使在 18 世纪的意大利，无神论者们也不担心被说成不信神者而遭到排斥，而是堂堂正正地表明立场。圣亚尔丰索·利果里（1696 年～1787 年）叙述说他们被称作"有强韧精神的人"。对圣亚尔丰索而言，只要爱自然，神的存在就会自明。启示真实的证据是因为教会对其做出了保证。哪怕是谎言，也必须去珍视。这与曾说过"如果神不存在，那么就必须去发明神吧"这句话的伏尔泰一样过激。不过，因为圣亚尔丰索是将其适用于多神教的诸神，所以，基督教的神当然是真实的。

令人感兴趣的是，他对无神论所提出的"打出神的启示旗号的一神教难道不会成为导致疯狂信仰和战争的原因吗"这个意见的反驳方法。圣亚尔丰索称，疯狂信仰和战争的原因在于不信仰者这一方。其根据是，在排除了不信仰者的完全的天主教国家里，秩序与和平占据着支配地位，这个事实证明了非天主教才是争端的根源。对于无神论者的另一个问题"如果神存在的话，为什么不进一步让谁都清楚地知道呢"，他是这样回答的，神不该是自明的存在。这是因为，如果神是自明的存在的话，那么，我们就会失去"不信仰的自由"这个是值得为之进永恒的地狱的无限的恩赐。

欧洲的宗教批判的先进性

18 世纪无神论者与神义论者进行这样争论的事实不可忽视。为什么呢？因为在我们所生活的 21 世纪，当看到伊斯兰原教旨主义的恐怖分子与对其宣战的美国间的战斗时，在日本这样的国家中，像"都属一神教，所以不宽容，会一直战斗到某一方歼灭另一方，真麻烦"这样的言论，或像"一神教是独善的、排他的，伊斯兰教比其强，但同样是排他的"这样不加思考的言论，常常会成为政治家或文化人士们的话题。一说起基督教，就会搬出十字军或帝国主义，提出阴谋论，或将之作为以和为贵的日本相对于西洋的精神优越感的依据。但是，在产生近代文明的基督教的发源地欧洲，18 世纪这个时候，这样的批评或议论就已经堂堂正正地出现。从大航海时代的旅行记到比较神话学、结构人类学，通过导入比较文化学的观点将之体系化的是"西洋"；天主教徒、新教徒、理神论者、无神论者们偶尔进行流血争斗的同时，获得了"表现的自由"也是在"西洋"。如前面所看到的那样，即使在总体而言的天主教国家，也存在那种与犹太人、穆斯林共存、建立圈子的时期和空间，而那种认为"相比之下，伊斯兰教更宽容和优秀"的对基督教的批判，也是基督教国家内部的争执中被主张的观点之一。日本的民族主义者中，也有排斥日本人基督教信教者的动向，但大多的"对基督教的批判"都属在欧洲已经被说得不新鲜了的内容，而对这些如何被超越、向着何种方向如何安定下来，则缺乏洞察眼光。

相反，在日本这样的国家，尽管包括近代化过程中国家神道的形成在内，有着与其他国家一样的宗教被当作政治或权力的工具的历史，但并没有体验过围绕"无神论"的大的纠葛。仅有因为资本主义和经济至上主义的扩大而出现的共同体的瓦解与传统宗教的空洞化。伊斯兰教世界也如"二重真实论"所代表的那样，因为将作为共同体中枢的宗教与科学或实用相分开，所以大多场合下看不到来自"无神论"的深刻的叛逆。

基督教无神论的心理状态

为什么基督教，特别是罗马天主教世界是在与无神论互为表里中育成了"近代"呢？

如前所述，一是基督教内部拒绝巫术的启蒙主义中曾经包含有"无神论"。其在被斯多葛学派出身的知识分子在希腊主义世界中发展并形成文化过程中遗留下希腊式思考的框架，同时，中世纪将亚里士多德的理智主义放在了神学的中心位置，拒绝了将理性与信仰分为"二重真实"两部分，信仰将科学改造成了其工具，可以说这些在不久之后导致了作为科学的反击表现的无神论。无神论类似于基督教内科学所引发的自体中毒。

近代初期无神论扩展的另一个理由是，天主教会自身的"近代化"的副作用。这可以说是其自净作用走过了头，也可以比喻为自我免疫性疾患。

天主教世界，虽然在神学上拒绝"二重真实论"，采用理智主义，但在其他层次上则设置了双重标准。即，逻辑性神学之外的实践现场，对前基督教的巫术世界以及古代信仰的心理给予姑息。在这两个世界相背离的区域，依据于"没有神的人类中心主义"的自由批判精神获得发展，出现了为回避该危机状况而进行的"宗教改革"所引发的分裂，以及天主教断然实行"反宗教改革"。因为这个缘故，此前处于天主教的灰色地带的民间信仰被剥离。16 世纪的特伦多大公会议的结果是，被天主教化的大量的民众祭典被禁止，在对圣人崇敬中被保留下来的巫术要素也被限制，无教养的农村牧师也被整顿。这里所发生的是一种圣俗分离。但是，即便牧师教育得到充实，民众也并不会毅然放弃扎根于古代自然信仰的巫术行为。其被从教会的"圣"中分离开，脱离了教会的管理，在"俗"中存留了下来。该"圣俗分离"可以说是后来成为"政教分离"的社会体系的远因之一。

另一方面，由于排斥了在此前一直被战略性地保留着的"迷信"，迄今为止被封闭于"神学"内部的合理主义开始抬头。这使得被称作神学的世俗化的"哲学"越来越发展。哲学成为理神论、无神论的温床。

特伦多大公会议所进行的天主教"近代化"的过度自净作用的另一个结果是，虽然排斥了异教的"迷信"，但为了对抗理神论所进行的强化天主教"教义"本身带来了弊端。与对农村牧师的无知蒙昧的纠正相反，为了整顿文艺复兴时期高阶神职者的自由主义"堕落"，教义的束缚变强，变得过剩。作为对这种倾向的反动，则产生了如下的怀疑："说不通晓基督教的人（而不是不信基督教的人）全部都得堕入地狱是怎么回事啊？""说教会无谬也是荒唐的"。因为整体都受到了整顿，失去了灵活性，所以，哪怕只是对琐碎的教义中的一条"合理地"怀疑的人们，也会演变为教会或教义的整体都抱有不相信感。实际上，过去只是由信徒进行单纯的关于罪的忏悔就足够了的告解，也变得像异端审判那样，琐碎的询问被程式化。

1711 年凡尔登主教所著的关于告解的实用书籍中，列举了对信徒进行诱导的提问目录，其中包括"赞同过那种认为教会是为了让信徒恐惧才说会堕入地狱等的想法吗？""有过几次？""说过异端宗教也可得救吗？""说过几次？""在谁的面前说的？"等等。

詹森主义的影响

相反，在与新教的纠葛中所诞生的对天主教的另一个反动的詹森主义等的神秘热以及对超常的兴趣的过火，也导致了合理主义精神的拥有者对宗教的脱离。也就是说，在这个时候，天主教教会为维护信仰所采取的所有对策，在另一方面适得其反，反而使作为社会有机体的宗教瓦解。

在前面所述的欧塞尔教区的"离开教会"问题上，也有着詹森主义的清晰影响。1664 年时，已经有 31 位牧师拒绝在认定弗兰德斯的神学家詹森（1585 年～1638 年）的著作《奥古斯丁传》（1640 年）的五项命题为异端的证书上署名。进而，据说从 1717 年到 1754 年间凯吕斯的牧师将该地当作了该"宗派"的堡垒。有留下来的记录称，1741 年蒙特莫兰的居民们曾向主教控诉牧师在告解时过于严厉，导致信徒们远离教会。并且，教会一方面将民众间传开的"耶稣的圣心"信仰等批判为迷妄，另一方面却对神奇的治愈、超常现象等则很积极。这样的矛盾行为，也鼓动了启蒙时代信徒们对宗教的不信，进而发展为离开教会的现象。

极端的例子是，1727 年辅祭巴黎斯死后兴起的围绕神奇的治愈的骚动。巴黎斯为神秘热所吸引，进行苦修，结果年纪轻轻就死去，被埋在了巴黎的圣梅达尔教会墓地。詹森主义者们聚集到了该地，进行祈祷，结果发生了治愈奇迹，轰动一时（译者注：在巴黎斯葬礼上靠近巴黎斯遗体的一名腿残疾孩子突然发生痉挛，痉挛清醒后，那名孩子腿部残疾获得治愈。此后，很多身体有病者聚集到巴黎斯墓地之前祈祷寻求治疗），很多人集体地进入恍惚状态，或痉挛，或口出预言。教会将之宣布为妄想，在 1732 年关闭了该墓地，但巴黎斯的遗骨则如圣人的遗骨那样被送往各地，在欧塞尔也发生了"奇迹"。欧塞尔的主教也亲自前往圣梅达尔。关于此事，天主教会做出结论称，圣梅达尔所发生的一切都属妄想。天主教会关于"奇迹"、"超常现象"、"神秘主义"的态度，从这时候起一直是含有防范的意味。对"民间的奇迹"如何进行管理？或对其进行无视、放过极端宗教团体或神秘学的对管理的脱离？这样的问题在整个近代，变得越来越复杂。因为如果去除了人们那种"期待奇迹"的心理的话，留下的往往是无神论的沙漠。

理神论者的去向

尽管如此，18世纪离开基督教或教会的人中大多数是停留在了"相信神的存在"的理神论上。因为神是赋予世界和人类以自然法则的存在是自明的。不过，该理神论者们在18世纪中期发展到高峰之后就在无神论或重返教会的这两条路上分道扬镳。

其最大的原因是，理神论不能完全应对世界或人心中明确可见的"恶"的存在。基督教教义中，有关于"原罪"的简单易懂的说明。由于理神论放弃了该内容，所以，面对包围着世界的恶的实际情况，其只能做出这样的解释："对现在所发生的恶的发现，最终具有何种含义，这不是人能够推测的神的意志。"到了这个阶段，追求实际存在的得救的人回归了教会，而认为不需要神的概念的人则从理神论前进到无神论。

悲观主义与无神论

在18世纪，除了依据没有神的合理主义而成立的依赖于"强韧的精神"的无神论，依据现世的实用的快乐主义而建立的无神论，依据怀疑而建立的不可知论的无神论之外，还出现了由来于悲观主义的无神论者。前三者在希腊的斯多葛学派、伊壁鸠鲁学派、皮浪的怀疑主义中已经有了其原型，而依据悲观主义的无神论则是也可称之为"近代之病"的独特之物。在18世纪，一般可分为"信仰神"

与"不信仰神"。这种场合下的"不信仰神",与其说是对基督教的否定,不如说是离开教会,对基督教的诸概念世俗化之结果。人在全知全能的超越者或第一原理等的引导下到达理想的概念根深蒂固地残留着。信仰者相信会"得救",不信仰者相信会"进步"。但是,18世纪合理主义中,诞生了无论对"得救"还是对"进步"都不相信的激进的绝望的唯物主义。在德国,悲观主义蔓延;在法国,则出现了异常的文学家迪·萨德侯爵(1740年~1814年)。萨德在《于丽埃特》中借杜兰之口称,越研究自然就会越明白神的不必要性。所谓神就是所有的人的恐惧与期待之中所产生的人类的疯狂的最后功能。

让·梅叶的悲剧

神职者中,也有人提出了个人主义的,甚至可以称为悲剧性的深刻的无神论,并将之详细地流传了下来。这就是1729年6月末,于65岁时死去的阿登地区的一介地方牧师让·梅叶(1664年~1729年)。他遵从特伦多大公会议之后的天主教改革的要理,满足着主教、信徒的需要,在长达40年的时间里平静地担当着教区的牧师一职。但是,他死时,在其床边留下了只是写着"某牧师收"的一封信,估计是写给最初发现此信的牧师。那里面还装有第二封信,是给不特定的多位牧师的。在最初的信中,关于第二封信,他写道:"不知道你阅读此信时,会怎么想,会做出怎么样的评价?不知道头脑中有着这样的想法,心里怀着这样的构想的我会被你怎么说?大概会被认为是简直发疯的、鲁莽不计后果的行为,但现在的我,对于讲真话已经不感觉难了。"另外，在第二封信中，有着 40 年举行弥撒和授予圣体经历的梅叶断言说，宗教是错误的、虚伪的、欺骗的，并劝诱同僚们放弃信仰。

梅叶讲述道："对于你们的宗教所做出的要人们绝对去相信的教导，要好好去衡量下相信的理由与不相信的理由。如果听从你们的精神的自然之光的话，就会如我一样，清楚地明白这个世上的所有的宗教都是人类之发明物，清楚地知晓那种关于你们的宗教是超自然的、神圣的、并劝导人们去相信的说法实际上都是错误的、虚伪的、幻想的、欺骗的。""牧师们所做的事情就是偶像崇拜。"梅叶对于进行关于神的恩宠的多寡等的空洞的议论，对民众以琐碎的罪名威胁其要堕入地狱，对压榨民众使其痛苦的为政者的不正当行为却闭口不言的行为进行了批判。不教给民众偶像崇拜和迷信，而是教给他们真实的科学和正义、道德，这应该是牧师的责任。我的上述"这个意见无论被如何理解，都没什么关系，因为死人（我）已经到了生者的手够不到的地方。死人就是无。"梅叶称他在年轻时就有了上述的怀疑。他之所以成为神父，是因为当时的平民之子中优秀者被教区的牧师或双亲劝诱担任神职是普遍的现象。

梅叶的信中带有浓厚的悲观主义和虚无主义色彩，在其深处存在的是对社会体系的绝望。是对那种要求将自己都不相信的东西数十年地教给别人，到死都不能讲出真相，被迫保持沉默的政治性的宗教状况的憎恨，以及寄托于自己死后的复仇。但是，如果只是给牧师们的信，大概就会被主教束之高阁，无法传到后世。但是，令人吃惊的是，梅叶不仅将两封信，而且将用羽毛笔密密麻麻地写在 370 页纸张上的手稿三本（相当于印刷 3500 页的内容），委托给教区裁判所的文书科。他在包裹着上述手稿的灰色纸张上书写着以下内容：

"我见到了人们的种种错误、恶习、虚荣、疯狂、憎恨。我虽然憎恨、厌恶这些，但我并没有在活着的时候说出这些的勇气，因此决定至少在死前能说出来。为了能让大家了解这些，故留下了这份记录。希望我的这份真实的证言能够对阅读此记录的读者发挥作用。"

梅叶断言，世界上所有的宗教与所有的神都是虚伪的。他整个论述证明了宗教的虚荣与谬误，被分为八章：

一、宗教是人的发明之物。

二、"盲目地相信神"的信仰，属错误、幻想与欺骗的原理。

三、所谓的"神显灵"、"神启"的谬误。

四、《旧约圣经》中的所谓预言的虚荣与谬误。

五、基督教教义与道德的谬误。

六、基督教允许权力者的恶习和暴政。

七、"神的存在"的虚伪。

八、灵性之概念与灵魂不灭的虚伪。

关于神的不存在，梅叶称，如果神是完全的存在，想让人爱自己，就应该明确地显示自己的存在，让人与人之间就神的存在进行争论是奇怪的。相信神的人很多，所以，如果可能的话，应该明确显示神的意图。神不显示自己的意图而保持沉默，是神将人当傻瓜、放任其无知，或者就是神并不存在。也有人称，如自然之美、使徒所进行的事业、耶稣的人生等等，到处都存在神的征兆，但是，如果这是如此明确的事实的话，那么所有的人就应该都已经信神了。

另外，如果神是完美的存在，为什么作为被造物的世界如此的悲惨和充满仇恨、人们会痛苦地死去呢？生物间相互厮杀而生存，这样的空间能叫"自然之美"吗？梅叶进行着这样的标准批判的同时，对从作为暧昧的概念的神的定义出发的存在论式的"神的存在证明"的空洞性也进行了申诉。

关于神的不存在，梅叶援引的是以寂静主义（17 世纪诞生的神秘主义之一种，其追求的是在被动的寂静中与神合一）的辩论家而闻名的康布雷的大主教费奈伦（1651 年 ~ 1715 年）所著的《神的存在证明》。梅叶仔细地分析此著作，做了大量的注释，对存在证明一个一个地进行了反驳。费奈伦的该书于 1718 年与耶稣会士多纳米纳的反无神论论文一起被出版，在这里被假想为无神论的是笛卡尔主义和斯宾诺莎主义。费奈伦所认为的神的存在的依据是，自然的美与逻辑上的证明。梅叶把这当作没有价值的言论，他指出，费奈伦将作为必然的存在的神与作为无限的完全的存在的神混淆在了一起。对于梅叶来说，必然的存在只有物质，永恒的真理是像数学真理那样不需要意志为媒介之物。梅叶的立场也可以称之为极"左"的笛卡尔主义，笛卡尔的"我思"对于梅叶而言也只是以物质的"我"为基础之物。人被砍去了头颅，就不会再思考，也不会再存在。从无中去创造出什么是不合理的。时间的创造这个概念也要将其本身在时间上定位，所以也是不合理的；空间的创造，则意味着在这之前神无处可待，所以是不合理的。神如果不是在时间上先行于世界，而是在本性上先行，神就当然包含了世界，所以，神和世界就都变得永恒。作为生命力的灵魂也是物质的。

梅叶被认为未读过斯宾诺莎，但其对被称之为《圣经》的书的真实性通过什么来保证，也表示出怀疑。根据什么将几千年前由不认识的异国人所带来的有着不合理内容的文献认定为神的启示呢？作为由神所展开的虐杀和牺牲的连续物的《旧约圣经》，无论如何很难说是最高善智慧的象征。违反自然法则的众多奇迹很难让人相信。为明确证明某个传说的可信性，首先被认作为作者的人是真的作者吗？进而，他是诚实并值得信赖的人吗？记录奇迹的人们是否从所有的角度对奇迹进行了探讨？记录该事件的古文献是否如其他众多的文献那样未随着时代的推移而被篡改？上述这些都成为需要处理的问题。按照这个基准，梅叶对《旧约圣经》的不合理性进行了辩论。

第一，将应许之地赐予被选之民——犹太民族的那个与神之间的契约，难道不是最终没有被履行吗？

《新约圣经》中的耶稣也不过是狂热信仰的男子，祂所说的话也充满了矛盾。不知道是来救所有的人，还是几乎所有的人要堕入地狱？虽然告诉我们不必为食物和衣服所烦恼，只要听从神的旨意，如空中的飞鸟一般，但是，如果谁都不劳动不耕作，结果会如何呢？虽然告诉我们神的国度很近，但是等待了将近2000年，却什么都没实现。如果耶稣是真的神的话，就应该显示将人的身心创造成拥有道德的完美之物，将仇恨、不公平、不公正从这个世界上清除出去的奇迹。如果耶稣是为了拯救所有的人而来，祂的牺牲是为所有的人赎罪，那么，现在仍然要求赎罪、仍然有人要堕入地狱就奇怪了。述说天国完美的人，其自己并未去天国看看。为什么神在恩宠方面不公平呢？

进而，梅叶对教会通过支持这样的虚伪而容许了压榨民众的当权者的专制一事，进行了辛辣的批判。不过，梅叶并不是在煽动革命。他相信理性战胜宗教的世界终有一天会到来，他期待着自己的同僚牧师们允许自己的主张广泛普及起来。但是，梅叶的绝望也很深。梅叶总结说："我想让国家的所有地方都听到自己的意见。我想竭尽所能地呼吁'你们错了，盲目地相信这样愚蠢的事情是发疯的行为'。不要去听那些连自己都不相信自己所说的话的牧师们所说的事情。"

对于那种认为如果没有宗教，恶人就不会惧怕地狱，所以犯罪就会增多的想法，梅叶已经早早就反击说恶人不怕下地狱。梅叶在面对即将到来的死亡时断言说："自己什么都不是，其后也只能归于无。"他得出结论道："自己死后，传教士们无论怎么处理自己的尸体都没关系，是想剖开，想切碎，还是想烧，想弄成肉块，是用什么样的调味料来一起吃，他都不在意，已经没有什么能让自己感到恐惧等的事情了。"

梅叶的影响

这个时代拥有梅叶那样的无神论思想的牧师，也许如梅叶本人所说的那样绝不少，但是，如梅叶那样留下系统的论文的则没有。因为活着的时候举起反宗教叛旗的牧师，肯定会被扼杀。1700年左右被歌颂为梵尼尼复生的列斐伏尔在兰斯被处以火刑，1728年因无神论被逮捕的福莱恩的牧师纪尧姆被隔离于修道院，提出反教会论的那不勒斯的彼得罗·加诺内被处以终身监禁。

梅叶的唯物主义无神论哲学，是受伊壁鸠鲁、卢克莱修、笛卡尔、蒙田的影响。在论文中，他也引用了拉伯雷、诺代的言论。借助于天主教改革过程中针对牧师所实施的教育计划，梅叶利用5年时间在神学学校学习了神学与哲学。其后，他在40年间一边面对着《圣经》，一边孤单地完成了无神论思想。他称教皇尤利乌斯三世（1550年～1555年在位）、利奥十世（1513年～1522年在位）也是无神论者，让人相信无神论并不比让热衷于迷信之辈相信神更不可思议、奇怪和不自然，不过，他表明这些都是在其死后。

梅叶死后5年，1734年在巴黎充斥着梅叶手稿的抄本和摘要本。1748年在柏林，他被评价为"香槟地区的有德之牧师"，腓特烈二世也收藏了一套其著作。1762年格里姆记录称："有好奇心者全都拥有其手稿。"不过，在欧洲普及的是被称为"让·梅叶的感情的摘要"的简略版，删节了最后的三个证明，并且被编辑成与其说是无神论不如说是类似于理神论的文献。也就是说，（译者注：简略版）做出了基督教是那种将己所不欲勿施于人的思想灌输于所有人心中的自然宗教之敌的结论，伏尔泰等明显是在有目的地将该简略版利用于自己的理神论的宣传，他在58封信中提到了梅叶。删节的理由是，为了在使用前去除梅叶的激进的唯物主义之毒。法国的哲学家狄德罗（1713 年~1784 年）、爱尔维修（1715 年~1771 年）、拉美特里（1709 年~1751 年）等阅读了完整版，霍尔巴赫（1723 年~1789 年）则在著作《明智》中特意复原了被伏尔泰删节的部分以让读者去阅读。

阅读该手稿后，也有人因此"回心"于无神论。在此之前对宗教未做过深入思考的人，因为阅读了梅叶著作而加入到"强韧的精神"的行列。

1760 年梅叶的传记也被出版。在法国大革命之际，甚至有人提议在已改名为"理性的神殿"的天主教堂中树立梅叶的雕像。伏尔泰为了社会秩序才将梅叶的无神论替换为理神论一事也被言及。但是，整体而言，法国大革命打出的是理神论的旗帜，所以属于过激的唯物主义的梅叶学说受到了防范。即使是 19 世纪的埃尔内斯特·鲁南（1823 年~1892 年），当被问及梅叶时也回避回答。

在对法国大革命给予影响的众多启蒙思想家之中，梅叶之所以未能留下名字于后世，也有他过于激进的缘故，再加上他风格乏味与不够优雅。而在法国思想史中要想留下名字，在表现上追求某种高雅已成为一种传统，而留下长大的无神论手稿的梅叶这样的农村牧师的文体，伴随着的是知识分子们无意识的轻视。

德尚的无神论

18 世纪另一位不同寻常的担当着神职的无神论者是圣穆尔的本笃会会士玛丽·德尚（1716 年~1774 年），在修道会中构筑起了自由的形而上学。在其手稿《真实的体系》中，人类的进化被分为三个阶段：首先是形成以直觉为基础的机械式的集团的"野人状态"，其次是在人类的法或神的法的名义下压迫多数者的不平等社会的"法治时代"（在这个阶段，神的概念被利用为不平等的、压迫的、异化的道德的基础），最后是宗教被破坏、神学变化为形而上学之后到来的"德治时代"。在作为启蒙的无神论的最后阶段，神是"一切"，会成为"真实"。德尚受到了达尔让松侯爵的庇护，做出了比其他的启蒙思想家们更加过激的发言，他将启蒙思想家们称呼为蒙昧的狂热的信仰者。以至于狄德罗主张应该对德尚的《关于世纪精神的书信》进行审查。

德尚否定了启蒙思想家们的理神论以及对理性女神的崇拜等，他论述道，无神论本身也包括无知导致的无神论、蒙昧导致的无神论、哲学家的无神论、不完整的启蒙无神论等等。进而，他本人拒绝诸宗教以及唯物主义，提倡为达到面对存在的"虚无"启示的真正的启蒙的无神论。在其名为《无神论纲要》的著作中，可以看到库萨的尼古拉的否定神学的影响。所谓的神是超越一切断言之物，位于极端收缩趋同之处。关于神，不能做任何断言，唯只能否定一切属性。按照德尚的说法，这才是那种认为相互矛盾之物会相互排斥的任何哲学家都不能达到的、绝对秘密的神学。思考停止理解时，在黑暗之中发现自我，意识到这点才是所寻求的神的存在的证明。德尚将之称为"真实的无神论"。这是对神的最终的探寻与对神的否定相一致之处。只有这个妨碍了人对神的专有。

这是与十字架的约翰那样的神秘学家所说的信仰的黑暗也相通

的感性，被德尚称之为"灵魂的无神论"。"灵魂的无神论"与走在前面的否定神学、神秘神学相接近的同时，实际上也可以说是其后登场的黑格尔的内含着矛盾的辩证法的真实、"世界精神"、"绝对知识"的哲学的先驱。

与作为无名的乡村牧师生活着的梅叶不同，德尚享有着作为启蒙世纪的知识人的治外法权式的特权，其论法也相当精炼。两者的共通点是，他们既不像这个时代的其他怀疑论者、不可知论者、理神论者、有神论者那样单单地对宗教抱有怀疑并试图对其进行调和，也不会为了维持既存秩序而试图姑息宗教。两者都认为，允许多数人被一部分权力者剥削的社会体系的宗教是欺骗性的。对该二人而言，"无神论"是为了将社会重新构建得更加公平的"改造社会"的武器。在这个意义上，他也可以说是"作为意识形态的无神论"的最初的形态吧。

脱离宗教的开始

18 世纪由于从神的存在证明这个哲学难题中摆脱了出来，开始出现将"神的问题"从神学中解放出来的哲学家。那种认为神就是体验之物、偶然相遇之物，不属于能够认识其存在之物的想法，被语言化。戴维·休谟（1711 年 ~ 1776 年）认为，因为我们的所有概念都来自于具体的经验，所以，不会拥有"神 = 无限"的概念。"必然的存在"这个词没有意义。他在采取了道德的理神论者与传统的宗教者、怀疑主义者之间对话形式的《自然宗教对话录》（1750 年）和《宗教的自然史》（1757 年）中称，无论是迷信还是形而上的宗教都是试图从宇宙中看到意图或意志的幻觉中产生的。最理性的行为并不是皈依某宗教，而是保留判断的怀疑的态度。只有这样，真正的信仰、真正的基督教才成为可能。

而为否定教会的同时继续保持不否定信仰的原则的理神论的终结做出准备的也许是伊曼努尔·康德（1724年～1804年）。康德认为，人类精神不能拥有创造这个概念，心理的、神学的、宇宙论方面的证明也是不可能的。从存在论方面的证明也同样是不可能的。拥有某概念，是以对其存在的肯定为前提的。但是，不拥有这样的概念也是可能的。如果说"神不存在"，那么，全能或无限等其他的属性也全部与之一起消失。这里已经没留下什么矛盾。存在只能通过知觉来证明。神的存在证明是不可能的。不过，即使按照纯粹理性不可能，但依据实践理性则可以对神进行假设，因为存在着伦理方面的要求。如果神的非存在是确切的，人就失去了道德（这与卢梭不同，属于性恶说）。如果神的存在是确切的，那么相反，道德则变得非必要。人的行为就没了选择的余地，大概就变成机械性的。正因为神的存在与非存在不明确，道德有了价值。为了使生具有意义，神成为必要。但是，现实中的基督教徒，仅是为了自我的利己主义而利用着神。康德就是这样将神相对化，对神持保留态度，但也未舍弃神。康德的弟子约翰·戈特利布·费希特（1762年～1814年）也将作为道德的秩序的理想称为真神。他不是以现实中的愚蠢的大众的偶像崇拜，而是应该以成就为通过优秀的道德来提高至神性的"理想的人类"为目标。法国大革命中作为基督教的代替宗教而被赋予民众的理神论、有神论，在哲学家之间，就这样一点点被吸收、被消灭，走向脱离宗教的下一阶段。

十九世纪的无神论

法国大革命的影响

启蒙时代最后一年，即 1789 年，法国大革命爆发。此前的法国通过君权神授论与依据高卢主义所推行的国王对主教的任命权等，在宗教战争之后，仍然停留为天主教。16 世纪末根据《南特敕令》承认了多宗教的共存，但在路易十四时期因为拥有了足以对抗庞大的哈布斯堡家族的国力，使得与新教国家结成同盟变得不再必要，《南特敕令》也被废止。但是，一度扎下根的公民的自由精神与普遍主义，将法国一点点地逼到近代革命的道路之上。在革命之前，不管是好是坏，总之天主教构成了当时社会的环境背景，但革命发生 10 年后，无神论与理神论则完全超越了天主教。

作为启蒙时代风云人物的原神职者，已经转化为强有力的无神论的"布道"者，而《革命家》杂志也展开了反宗教的宣传。罗伯斯庇尔（1758 年～1794 年）所引入的"至高存在"的祭典也已经在 1801 年被废止。来源于理神论的"至高存在"以及"理性女神"，并没有取代天主教的根深蒂固的传统，传遍 19 世纪整个欧洲的民族主义作为疑似宗教发挥着机能。

其后，经过王权复辟，天主教再次复生，但是，天主教已经带有了保守反动、反共和国主义的含义。另外，据 1865 年法国调查，罗伊教区居民为 740 人，其中参加周日弥撒的只有 30 名女性，教会的典礼支配人们的日常生活已经是过去的事情了。无神论成为特别是居住在城市中的中产阶级男性中常见的现象。他们中几乎所有的人都对宗教的内容不关心，只是为了参加作为人生的通过仪式的洗礼、结婚、葬礼等有时会去教会，作为其背景环境，不可知论、理神论、物质主义、反教权主义等浑然为一体。这样的男性们，周日也会打发妻子去参加教会的弥撒。在巴黎，只有在复活节前的四旬节进行特别说教时，中产阶级的男子们才会去教会，它被当作社交集会来看待。

言行不一致并不被视为问题，19 世纪末的自由思想家们，一边在教会进行洗礼、结婚、葬礼，一边满不在乎地进行着反宗教议论。能够批判宗教，是为标准教养的一部分。

作为对天主教会的《公教要理》的恶搞，有人分别于 1877 年、1903 年、1913 年写作了《自由思想家的公教要理》《无神论者的公教要理》《初级反公教要理》。其中列举了下列提问和回答：

"你是基督教徒吗？
不，是自由思想家。"

"自由思想家是什么？
自由思想家是不相信什么神而只承认科学权威的人。

"神难道不是拥有着创造与破坏的唯一力量吗？
我不相信神。

"为什么不相信神呢？

要相信的话，就必须确定存在的时间、空间位置。如果这样，那就是物质，已经不是神。

"基督教不是将神作为非物质之物吗？

不可能。因为他们说，恶人看不到神，但善人就坐在神的右侧。

"相信灵魂不灭吗？

不。相信灵魂，就必须确定其在时空中的位置，那么灵魂已经不是非物质。"

对"宗教"的回归

虽然自由思想家们多数是无神论者，但在同一时代，想复活理神论、建立"新宗教"的人也不是没有。他们继承了康德、卢梭的路线，试图调和感情与理性。也有如教育家费迪南·比松（1841 年～ 1932 年）那样，认为"相信神就是期望神存在"，倡导实现教会之外的世俗的信仰与基督教的爱的社会的人。费利克斯·匹克则在"基督教有神论"的名义之下，将耶稣的神与教会的神相对立起来。因讨厌无神论的无趣的、乏味的一面，还提出了可以在用花精心装饰的另外的神殿创建新的典礼以替代那种不理睬或背叛教会的做法的提案。但是，1870 年代在面对好战的无神论者时，却完全躲藏了起来。该"新宗教"止于二流水平，是因为厌恶无神论或追求伤感主义的潮流被"回归天主教"运动吸收，以及被称为圣舒尔皮斯派的伤感的信仰热高涨的结果。

其原因之一在于神职者的知识水平的低下。16世纪以对抗新教为目的的特伦多大公会议之后，在压制异教迷信的天主教改革中，针对神职者的教育计划的水平提高。与此同时，这在另一方面又培养了神职者们的批判精神、启蒙精神，这与科学发展一起构成了近代的推动力，其结果，法国大革命一旦爆发，天主教知识人士遭到了毁灭性的打击。革命所带来的镇压与针对镇压的抵抗，使得重新恢复的天主教完全失去了控制。革命前的神职者中不少人与王侯贵族出身于同样的血统，形成了包括科学家、艺术家在内的知识阶层，但在革命后，平民出身的牧师超过了半数。针对新的牧师的教育也无法充分地进行。并且，一度被关闭的教会为了召回民众，将其拴在天主教之上，对特伦多大公会议上所建立的对民间信仰的管制进行了战略性的缓和。不被教会所认可的崇拜古代圣人的仪式等被大量宽恕。

民间出身的牧师对也此表示了理解。朝圣变得盛行起来，各种信仰团体的队伍也在增加，巴黎中心的巴克大街的教堂、比利牛斯山麓的卢尔德的洞窟中，"圣母的显现"、神奇的治愈现象不断出现，"显灵圣牌"、各种"圣画像"卡片等信仰商品增加、普及。教堂的装饰过多，连祷、赞美歌拖拉，弥撒也变长。伤感主义、甜美的伤感和梦想情绪扩散。面对这样的也可称作天主教的"返祖"现象的"迷信化"，知识分子阶层、社会的精英们越来越离开教会，蔑视宗教以及对宗教的信仰。因为教会过于为"女性"所占据，1860年代以后，连非知识阶层的普通平民中的男性也不再去教会了。不单单是在法国，天主教会本身面对近代的不可逆转的进步主义和科学实证主义时变得反动和倒退，并进行着批判科学的言论。

好战的无神论登场

1870 年之后，无神论者们发出了对"神"的宣战布告。在《自由思想》杂志所刊载的《实践无神论》一文中，古斯塔夫·弗鲁伦写道："敌人是神。智慧的开端，就是要去对六千年来愚弄和支配了可怜的人的虚伪的神进行憎恨。"《无神论者》杂志也得到刊行，其煽动说"是神还是物质，要从中选择其一"，并对有神论、理神论的妥协进行了批判。该杂志的标题，就是意在利用迄今为止一直为人所忌惮在公开场合说起的"无神论者"一词进行挑衅，"无神论"被当作了在公共场合可以议论的主题，从这个意义上说，是划时代性的。不过，那些对该词汇所表现出来的好战的原教旨主义感到厌烦的人们，希望的是隐藏在更加温和的不可知论、怀疑论的影子之下。

在这个时候，天主教与新教的对立等早已成为过去的历史，引人注目的是无神论与有神论间的对立。理神论和有神论在历史的潮流中属于一边保存着宗教感情，一边从既有的宗教的束缚中解放出来的过渡物，并为无神论做出了准备，但 19 世纪末，科学主义与进步主义的自信达到最高峰，一部分人达到了所谓的"原教旨主义的无神论"（译者注：这样的无神论者已经把无神论当作一种新宗教来信仰）阶段。科学领域也一样，朱尔·古尔尼在题为《自由意志的心理医学》的论文中，否定了基督教的"自由意志论"，展开了物质决定论观点。民俗学、医学、心理学也被动员起来，无神论者库德罗医生断言道："宗教不是普遍的，与特定的人性、民俗性、地域发展的特定阶段都无关。"对于无神论者来说，无论是天主教，还是理神论、有神论，在支持绝对主义王权方面都犯了同罪，只有无神论才是获得真正的自由的条件。1880 年代，巴黎成立了反理神论协会，提出了从世界的语言中将"神"这个无意义的词汇清除出去的目标。

原教旨主义无神论者甚至使有神论占据优势的共济会内部发生动摇。与愚蠢的无神论者、非宗教的自由论者不同，自认必须遵守道德的共济会，意识到自己的基督教起源（建设大教堂的石匠工会），本不忌避神之名。法国的共济会以对 GADLU（Grand Architecte De L'Univers= 宇宙的伟大设计者）的信仰为前提，这使人产生这样的疑问：这难道不是与他们的共和主义的要点——作为基本人权的"信教的自由"难以并存吗？对 GADLU 的信仰告白，比利时于 1871 年、法国于 1877 年被新教政治家弗里德里克·迪斯蒙从宪章中删除。当不可知论和怀疑论占据优势时，GADLU 被去掉了人格神的形象，成为宇宙调和的象征，被从道德中分离开（不过，与"得救"处于同等位置的对最高智慧的获得，作为目标被保留了下来，在 20 世纪末曾部分成为新时代运动的温床）。

无法忍受无神论者的狭隘与好战的原教旨主义的人，在自由思想家阵营中也有不少。对于他们来说，无神论者是被那种认为精神仅仅是大脑的化学反应的想法所迷住之辈，是将所有一切都还原为自然的欲求的追求鄙俗满足之辈。1886 年反无神论者全国同盟成立，像卡米伊·弗拉马利翁、朱尔·西蒙这样的自由思想家们联名加入。

欧内斯特·勒南的情况

19 世纪还出现了以神学的素养为基础，利用怀疑主义和科学主义、历史实证主义和形而上学的常识，建立起非原教旨主义的无神论的知识分子。从这个含义上说，能代表 19 世纪法国的大概就是欧内斯特·勒南（1823 年～ 1892 年）。他在巴黎学习神学之后，在黑格尔等德国哲学的影响和信仰体验中拥有了怀疑论，从与科学家的友情出发写作了《科学的未来》（1848 年执笔，1890 年出版），通过对古代哲学的研究获得了学位，成为法兰西学院希伯来语教授，发表了《基督教起源史》（1863 年～ 1881 年）、《以色列民族史》（1887 年～ 1893 年）等大作。其中《耶稣传》（1863 年）将耶稣描绘为人，与其错事一起对后世带来了巨大影响。

据其《幼年和青年时代的回想》（1883 年）称，当时的圣叙尔比斯的神学校的学问一贯平庸。哲学教师哥特弗雷对勒南说："研究等是无用的，本质的东西都已经被发现，拯救灵魂的不是科学。"数学教师皮诺毫不隐瞒对科学的蔑视之念，圣经学教师路·伊尔被坚定信仰所守护的不动摇之心反而使勒南焦躁起来。当勒南提出"摩西之死为什么会在《摩西五经》中记载"时，老师的回答是"有些问题是不能提问的"。神义论的口试训练中，要求首先从持反宗教立场的哲学家角度发起议论，然后必须从拥护宗教的角度驳倒上述议论，但在这样的训练中，勒南站在反宗教的一方发挥了其能力。在神学校的 4 年间，经历了知识和道德的拷问，勒南完全放弃了信仰。

当时，为了对抗近代化和世俗化的大潮，天主教会强调教会的无谬性，防止别人从教义上找到自己的漏洞，因此，在信仰方面呈现出一种要求或者全部信仰或者全不信仰的二选一的样态。勒南做出结论说，天主教会承认《但以理书》（《旧约圣经》内容之一）是马加比战争时期（公元前 168 年～公元前 141 年，犹太对叙利亚之战）的外传就是承认自己的错误，这是对其无谬性的反驳，圣灵没什么作用。

不过，勒南并没有像奥古斯特·孔德那样去追求理想的"人类的宗教"，虽然其抛弃了天主教的人格神，但没有抛弃"超越神"。因此，其既受到了基督教阵营又受到了好战的无神论者的批判。但是，实际上，在 19 世纪，很多知识分子，既不是原教旨主义的无神论，也不是原教旨主义的基督教以及原教旨主义的理神论，在"该问题上"选择的是"不引人注目"，这是实情，勒南这样的例子绝不少见。

浪漫派的泛神论

虽然无法忍耐天主教的反进步主义以及伤感主义，但也不能忍耐无趣、乏味的无神论者的攻击性的群体中，有艺术家们。艺术这种创造行为，离不开来自于超越之物的灵感，也不能离开广泛意义上的宗教感情。虽然不赞同死板的教会教义，但相信艺术的普遍性，认为所有的宗教参与计划了最初神所给予人的相同真理。与正在原教旨主义化的无神论、理神论保持着距离，很多人靠近了浪漫主义风格的泛神论的世界观。泛神论是 1705 年出现的新词汇，其认为一切都是神，神与世界是同一的。这里有两种解释：一个是唯物主义的解释，认为世界是现实的，而神是所有的存在物的综合，是抽象的；另一个解释接近于有神论，在这里，现实的不是世界而是神。只有神是现实的，而世界是无永恒的现实性的时空现象的集合，后者接近于斯宾诺莎流派。克劳斯在 1825 年的《哲学体系》中将泛神论解说为："世界是神的无限存在内部的有限的形成物"，"世界存在于神内，神则超于世界。"

永恒哲学

对浪漫派的梦想给予巨大影响的还有 19 世纪与东方兴趣（东方学）一起诞生的 Esotericism 中所见到的普遍的永恒哲学这个假说。法语中的 Esotericism 是以从希腊语 ἐσωτερικός（"内部的关系"的意思）中派生出来的、18 世纪被使用的 Esoteric（秘传的）为基础，由杰克·马帖尔于 1828 年所创造的语言。马帖尔在《诺斯替主义的批判的历史》一书中，在论述当时的神智学时使用了该词汇。Esotericism 被认为是基督教与希腊思想，特别是毕达哥拉斯主义的自由的混合（诸教融合）。其后，其含义扩大，指所有的神秘的、异端的东西，或指被称为入会仪式（initiation）的仅在被传授了秘密的同事伙伴间分享的含义，或指那种认为自然或宗教的文献或人类历史中，除了表面所显现的部分之外还有被隐藏的一面，只有通过某种特别的方法才能去接近的想法，以及指接近于神智学（直观的神智）的、认为知识的获得存在着那种通过超越于理论方法的、以象征性符号为媒介依靠智慧来取得的方法的想法。其明显特征是，

Esotericism 被作为通过象征性符号来找到成为所有个别传统的起源的原初的道的方法论（也被用来作为犹太教神秘哲学、亚历山大城的赫尔墨斯主义、思辨的炼金术、神智学、蔷薇十字团等一系列活动的总称。在为科学主义、实证主义所鼓动的进步史观之下，其对近代的反抗，体现为对过去曾经存在的"黄金时代"、"原初"、"神圣的自然"等异教之物的憧憬的同时，与对巫术的回归结合在一起）。

不单是历史学家和作家，而且在神职者当中，也有人认为："在犹太教＝基督教以前就应该有神的意志存在，应该有始于古代的人类共通的真实的原始宗教。"诸宗教的谱系学也被尝试进行。从巴尔扎克到雨果，认为与和特定的历史或文化的脉络不可分离的各个宗教相比，其间共通的"普遍宗教"更真实。雨果（1802 年～ 1885 年）在《悲惨世界》（1862 年）的序文中写道："虽然自己与现在的任何特定的宗教都无缘，但容忍所有宗教、尊重所有宗教，进而尝试在宇宙的灵性之中，消除信仰与无神论的距离。宇宙中所有的东西都有灵魂，其被解放为动物、人，最终达到完全自由的就是神。"雨果在泛神论的扩展中发扬了进步思想和共和国主义，发展了浪漫派的神智学。雨果洞察到"无神论者们要比他们自己自认为的那样更相信神"，其论述道：对神的否定，实际上是肯定的不规则形态。否定不是消灭，神的内在并没有被丢失。无神论者们在"永恒"上所打的孔洞不过就如同一颗炸弹扔在大海所造成的伤害一样，所有都会闭塞回归原样。

这是对 19 世纪的理性信仰的反动，是对人类的精神不能支配世界的所有含义的强调。浪漫派将"理性与信仰"二元论置换为了

"精神与感情"、"理智与爱"、"科学与艺术"等等的二元论。在新教神学中，其后支持着自由主义神学的德国的施莱尔马赫（1768年～1834年）的宗教论将宗教的本质解释为直觉与感情，而不是思维或行为。这也同样支持着浪漫派的"宗教感情"。浪漫派神智学追求着与"无"无限接近的生的形式的神。

甚至斯宾诺莎都被染上浪漫派的色彩而再次登场。歌德（1749年～1832年）为斯宾诺莎所吸引，将斯宾诺莎靠向基督教。在18世纪末他写道："斯宾诺莎没去证明神的存在。存在就是神。所以，即使别人将斯宾诺莎看作无神论者，我也将其称呼为有神论者、基督教徒。"（写给雅科比的信）无法忍耐19世纪的合理的进步主义、无神论的杀气腾腾的浪漫派，也是形成了欧洲的基督教艺术的爱好者。他们并没有放弃基督教，而是做出了将基督教的概念扩展为浪漫派风格的选择。

相同的事情也可以用来形容19世纪末的后期浪漫派的高踏派文学家们。经历了拿破仑战争的19世纪的法国，洋溢着带有民族主义色彩的共和国主义理想的文化人士并不少。他们中的多数也参与了政治和战争，但也有人因为对现实的悲观而投身于天主教神秘主义流派中。Esotericism、神秘主义的兴盛也影响到了他们的泛神论的天主教神秘主义。

当然，天主教阵营也注意到了这点。阿贝·马雷于1840年在《近代社会的泛神论》中叙述泛神论："神与世界的混同、宇宙的神格化、有限与无限的同一化、实体的均一性，这些都是现今世纪的巨大错误。"

哲学家与无神论

19世纪是真正构建起无神的社会、伦理体系和思想体系的世纪。康德（1724年～1804年）已经做出了榜样，他在18世纪从不可知论的立场将基督教世俗化。康德也尝试过进行"神的存在证明"，特别是因为从道德角度需要出发要求有神，所以，基督教的欧洲的普遍主义世界观，在近代以后，成功地在叙述上省去"神"这个词汇。因为神不能通过理性进行认知，在此前花费了大量时间所进行的关于神的思考也可以搁置起来。

黑格尔（1770年～1831年）不属于不可知论，而是属泛神论。他看穿了18世纪启蒙时代的无神论，基本上不过是仅仅以王权欧洲的旧体制下的罗马天主教的疾病涣散形态为对象进行攻击而已。如果离开了政治的对立，基督教会继续担当历史转动的轴心。黑格尔未将自己称为无神论者，而是提倡泛神论的体系。在这里，神是离开了世界的话作为神就不会成立的存在。但是，他所说的"绝对知识"、"最高的实在"，也属于这个时代成熟了的有神论的另一个表现。

继黑格尔之后的路德维希·费尔巴哈（1804年～1872年）与黑格尔同样出身于新教家庭，为成为牧师而在海德堡大学学习神学。其后在柏林听黑格尔的讲座，接触其思想后转向哲学。费尔巴哈叙述其感想说："神是我最初的思想，理性是第二位，人是第三位的最后的思想。"他在1841年的《基督教的本质》中，对于神与基督教，尝试了从人类学角度进行研究，认为人类学是神学的奥义。与黑格尔相反，他主张人并不包含于绝对精神之中，人的自我意识就是绝对者。神的自我异化不是世界或人，而人的自我异化则是神。世界并不是神观察自己的镜子，但神则是人映照自己的镜子。神学是人为了强化自己的神的外化形式，而与人相分离的尝试。虽然对于人的自我认识来说宗教是必要的，但人为了找回自己的类本质，必须超越自己所建立的宗教的体系。人应该爱人而不是爱神。后来，现代的自由主义神学家汉斯·昆（1928 年～）对该立场进行评论说，这样才是神学无法再利用的绝对的无神论（《神存在吗？》1978 年）。

社会学的无神论

在 19 世纪，从费尔巴哈的“人的类本质的自我异化”这个概念中，又诞生了与浪漫派无神论、形而上学的无神论不同的社会经济学的无神论。卡尔·马克思（1818 年～ 1883 年）为这方面先驱，他接受了新教洗礼，但出身于改宗新教的犹太人家族，与基督教信仰保持着距离感。可以说马克思得以免除 19 世纪基督教教育所能带来的心理创伤。与那些在否定自己所受到的基督教教育、建立另外的世界观方面花费了大量时间的哲学家们不同，马克思预感到，宗教议论、无神论与有神论之争等等不久就会如希腊神话一般落伍于时代。关于宗教的成立，马克思对费尔巴哈未能将社会因素、经济因素考虑在内进行了批判。马克思认为，宗教只是随着产生宗教的社会消亡的同时而消亡的上层建筑。宗教并不是如费尔巴哈所说的那样是将人性的善的部分投影外化的果实，而是现世被压榨的人们将得救投影于来世的社会的经济的条件的结果。人们需要的是从现世被压榨中解放出来的、以得救为目的的社会经济革命。基督教使古代的奴隶、中世纪的佃户的存在正当化。宗教是被压迫、被榨取的人们忘记痛苦的鸦片。费尔巴哈从理论上否定了神，而马克思则希望通过革命来否定不得不诞生宗教的社会本身。

推动马克思的宗教观进一步实用化，并使之意识形态化的是列宁（1870 年～ 1924 年）。列宁在阅读马克思著作之前已经是无神论者。他受到了 16 岁时所阅读的俄国实证主义者车尔尼雪夫斯基（1828 年～ 1889 年）的书籍的影响。对于列宁来说，宗教是将权力或统治人格化之物。神则并不如费尔巴哈所说的那样是使社会感情觉醒、形成秩序的思想的总体等。宗教就像是使资本主义的奴隶们吞下（接受）其所处的非人的存在状态的调和的药水。对这样的宗教，必须积极地使之灭亡。列宁提出，不单要将打倒资本主义，而且要明确地将打倒宗教作为目标。宗教在妨碍共产主义实现方面也是反科学的。马克思主义就是唯物主义，与宗教之斗争完全是马克思主义的基本要求之一。也许可以说，通过列宁，无神论成为意识形态，达到了战斗的"实践"阶段。

颇有意思的是，乍一看来被认为反动的 Esotericism 的信奉者们，不可思议地在对现实的积极否定方面，有与社会主义联动的情况。其例子是，20 世纪期待人类精神解放的精神病科医生、文学家安德烈·布勒东（1896 年～ 1966 年）。布勒东为认识现实背后的神秘的超现实，标榜超现实主义革命，与同志们一起加入了法国共产党。因感觉马克思主义要求纪律、限制了自由而于八年后退党。而同为超现实主义者的路易·阿拉贡（1897 年～ 1982 年）则保持了共产

党的活动家身份。在无神论中，"否定现实 = 革命"与"逃避现实
= 梦想"有微妙地相交叉的场合和时候。

历史学的无神论

19 世纪以历史学的研究方法为依据的无神论也逐渐形成了牢固
的体系。

首先是德国的弗里德里希·冯·谢林（1775 年～ 1854 年）在
1803 年的《大学研究方法讲义》中对基督教的历史性进行了论述。
基督教从历史角度是必要的，属于"神的绝对的现象"的同时，
是可以通过理性进行分析之物。与黑格尔的认识方法一样，宗教
消灭于哲学之中，超越被作为历史的自我意识的神的概念所吸收，
教义只是纯粹的符号象征。将该认识方法进一步明确化的《哲学
与宗教》（1804 年）被贴上泛神论、实证主义的标签遭到批判。谢
林后来在《启示哲学》（1854 年）中讲述了基督教的重要性，但其
将基督教不作为宗教而是作为哲学来纳入研究对象的前述作品对
后来产生了影响。

同一时期，1808 年改宗为天主教的弗里德里希·施勒格尔（1772
年～ 1829 年）将宗教理解为政治现象。布鲁诺·鲍威尔（1809 年～
1882 年）首先在《约翰福音史批判》（1840 年）等中，认为基督教
和基督的神性是约翰想出来的。他阐述道，基督教在初期有助于人
的自我意识的形成，明确了人内在的尊严，但是，将神和教义置于
上位，现在则妨碍了普遍的自我意识的开花结果。进而，在《被揭
露的基督教》（1843 年）中，他论述道，基督教的诞生，是因为在

生存条件恶劣的古代，将人的本质看作是痛苦的，所以有必要制造出一个"非人类的"体系，但在其后的人的自然进化过程中，则成为障碍。

与勒南有着相似经历、从蒂宾根的神学校学习圣经学和哲学后达到无信仰的大卫·弗里德里希·施特劳斯（1808 年 ~ 1874 年），也与勒南一样写了《耶稣传》（1834 年），建立了《福音书》神话说的基础。据施特劳斯称，《福音书》是相信《旧约》的预言，等待救世主的到来的人们无意识地形成的神话，他们在相当于黑格尔所说的世界精神的 esprit（灵魂、精神）的推动下，创造了"人 = 神"的基督。其不是由来于 18 世纪无神论所指出的那样的假话或谎言，而是《福音书》作者们的自我暗示的心理过程。该"神话说"被看作是无神论，但施特劳斯自己并没有这种意识。施特劳斯对基督教持有怀旧情绪，认为该"神话"应该强化和被完成。但是，在将人安放在神之位置上的实证科学的"进步神话"所支配的 19 世纪，基督教神话说成为无神论的牢固武器。施特劳斯虽然受到了来自黑格尔的影响，但因为其并没有像黑格尔那样明确地设想绝对宗教、绝对知识，神话化过程被矮化和解释为人类心理的内部的事情。

在度过虔诚的青年时代之后经历了精神上的危机而达到无神论的弗里德里希·恩格斯（1820 年 ~ 1895 年）认为，物质是运动的，因而是可转化的，而不是（神所）创造的。运动是物质的存在形式，物质不会生成和消灭，只有永恒的复归。物质永恒地运动着，一边改变着其形式一边进行着循环。所谓宗教，是将自然之力、社会之力等支配人类之力人格化之物。它常常被统治者创造和利用为作为统治手段的意识形态。民族集团创造了民族的神，罗马帝国时期则诞生了普遍宗教。无论是什么时代，统治阶级都拥有同他们相适合的宗教，新崭露头角的阶级，打出新的革命宗教，会被原有的宗教视为异端。新教是当时的新兴资产阶级所发起的宗教。但是，在无产阶级兴起后的社会中，则已经不需要作为统治工具的意识形态。所以，宗教就会消失，无神论才是人类的未来。

被称为"社会学之父"的孔德（1798 年～1857 年）的实证主义哲学则受到了上述历史的无神论的启发。孔德不喜欢被称呼为无神论者。他认为，现在应该从将信仰者与无神论者相对立的立场中摆脱出来。将自己称呼为无神论者的人，就是将自己放在了信仰者的对立面的位置，使自己陷入神学的体系，由此反而给"信仰"赋予了含义，可信仰已经空虚无意义。现在还有人特意宣称说不相信希腊神话吗？同样，对于当然不存在的、现在已经灭绝的基督教之神，还有必要倡导无神论吗？只要提出无神论，就无法完全从形而上学的议论中摆脱出来，我们只应该去研究能够弄清因果关系的现象。但是，孔德虽然这样说，却没有放弃对神保留判断的不可知论态度。不仅如此，他甚至构想了一个以"伟大的存在（建立了伟大业绩的人类的整体）"来替代神的、为了实证的人类的无神论的新宗教。在这里，像是对基督教的恶搞一样，教义、典礼、历法都被加了进去。

我们知道，即使在依据曾说过无产阶级专政的社会不再需要作为民众鸦片的宗教的马克思与恩格斯思想所建立的共产主义社会，也构建了替代基督教的各种各样的类似典礼和教义之物。以 19 世纪的科学进步主义为基础的"人的宗教"也获得了大量的"信徒",而后期资本主义的消费社会的拜金主义也不缺偶像和象征符号。所谓宗教感情,是如此无法理解其本来面目之物吗?

19世纪的无神论一边将不知其真面目的宗教感情隐藏于内,一边席卷了所有领域而不断壮大。

生理学、精神分析学与无神论

在医学、生物学领域,唯物主义也越来越深化。1847年德国的卡勒·沃格特(1817年～1895年)称,思考与大脑的关系就如同尿与肾脏的关系。他明确指出精神状态从属于身心状态,并嘲笑了宗教的异想天开,也有化学家提出思考就是磷的过程。超自然并不存在,"自由"等不过是幻想,一切都是生物学过程的产物。在达尔文主义的刺激之下,认为宗教不过是精神现象的辩论直到20世纪初为止一直非常盛行。从幼儿期伴随着全能感的自我中心主义向青年时期的他人中心主义的过渡期所发生的内在的变化与客观思考的获得,形成了神的概念。

不久精神分析学也加入如上述的议论之中。被自然的威胁、社会的压力、对死亡的恐惧所压制的人们,为了克服上述痛苦而走向了主张不死的信仰。得救的必要性被投影于宗教。对所期待的父亲形象的理想化也遵循着相同的过程,人们让其符合神学的道理。但是,就如同孩子成人后会破坏掉理想化的父亲形象一样,人在进化的过程中,也变得不再需要不过是自己的精神的构造物的神。西格蒙德·弗洛伊德(1856年～1939年)在《摩西和一神教》(1939年)

等著作中批评性地指出宗教是文明的神经官能症，对其起源进行了说明，并宣告了其灭亡。犹太教这个最初的一神教将神抽象化，是人"离开神"这个进步的第一阶段。原初的弑父情结，被宗教的"父神"所治愈。人格神不过是父亲形象的投射，宗教是集体的神经官能症。

其后，卡尔·古斯塔夫·荣格（1875 年～ 1961 年）淡化了弗洛伊德的无神论色彩，他论述说，神是精神的真实感，是个人的内在存在。因为神的概念是非合理的自然的精神机能，是必要的、不可缺少之物，所以，与神的存在问题没有任何关系。所谓的宗教是自我与自我的关系。虽说如此，精神分析学在整体上将神或宗教感情矮化为人的意识现象。确信宗教初始的疾病起源的精神分析医生们，哪怕是为了人类的改良，也试图依靠自己的力量去破坏宗教。精神分析学作为引导 19 世纪末好战的无神论者潮流的思想家们的武器，在驳倒基督教以及道德的有神论方面被大大应用。

但是，理论本身并不会积极地去否定神学，所以，也被牧师们用作接触信徒的工具。20 世纪末，当意识形态和坚定信念的时代在欧洲将要终结之时，精神分析学也漂流到对神圣拥有感性的不可知论的大海中。

由来于心理学的个人主义的无神论

19 世纪的无神论的根据之一有个人心理学。它在某种意义上，也许比实证主义科学、哲学更强有力，因为它与后文所述的尼采同样依据于深深的悲观主义。

19 世纪末，由于科学技术的发展，再加上进化论的影响，进步史观发展到最顶点。在该脉络中，科学主义无神论、哲学的无神论将无神论理解为积极的正面主张。也就是说，这些无神论将"人类从宗教中解放出来"理解为进化的过程，其在内心中描绘着从宗教中解放出来的人类的光辉未来。而来自于心理学的无神论，则有着浓厚的悲观主义色彩。"神＝父"死后，人类变成孤儿，成为迷失的存在。以进步史观为基础的无神论，取代于神、将人类摆放到新的神的位置。但是，该"人类"是在一神教的普遍宗教中由神按照神的样子所创造出来的集合概念。所谓人类，是在被创造物之中被赋予了与神的特权关系的特别的存在。特别是基督教的神，自己降世为人，要求人类共同参与以实现神之国度。进步史观的"人类"是将"神"的概念世俗化之物，所以，当然会取代传统的"神"占据其位置。

这样，与把人放在神之位置的进步史观中的无神论不同，来自于心理学的无神论否定了"神之位置"本身。能够取代神的"人类"等等不过是说说而已。真实存在的只是作为特定的历史的存在的"个人"。无论怎么样把个人合计在一起，也未必会使人类这个整体存在成立。所谓个人，就是孤独的存在。

该悲观主义是近代以前所没有的种类之物。从前，在普遍宗教的普遍的神之下，有属于特定的阶层或特定的共同体的、被地缘血缘所束缚的个人。但是，作为普遍宗教的基督教，在理念上，是以在神面前平等的、无阶级差别无民族差别也无性别差别的世界的到来为目标的（《加拉太书》3-28）。成为文艺复兴之后的人类中心主义的核心，达到基本的人权的成文化的"人类"概念，也是欧洲基督教世界的产物之一。但是，当该"人类"被认为是与"神"一样在哪里都不存在的幻想时，"个人"就已经不是近代以前的那种地缘血缘的一个网眼，而是变成被剥夺了地缘血缘，失去了类神格化的幻想的孤绝的零散的个人。

施莱尔马赫已经以"个人的心理现象"来对宗教进行了说明，索伦·克尔凯郭尔（1813年～1855年）则否定了信仰的合理基础，描绘了不信仰者的绝望，留给失去了神的人的是虚无和绝望。信仰不是能够理性地获得之物，所以，没有信仰的人就没有了希望。

麦克斯·施蒂纳（1806年～1856年）在《唯一者及其所有物》（1844年）中宣布："我将我的大义置于虚无之中。"他论述道："人杀死了神，将大写的'人'安放在那里，但'人'也是不存在的。存在的只有各自的'我''自己'，在'自己'之外什么都不存在。"他还评论说，马克思主义等不过是立足于人类这个幻想之上。人类中心主义无神论将之前属于神之物全部转移给了人，所以，依据人类的圣性之名所进行的绝对支配变得更加沉重，人被自己的本质之锁链所捆住。必须将自己从神、从人类那里解放出来，放弃与他人交换信息的想法。自己并不是被限定之物，必须通过各个行为来形成自我。但是，所谓的自己，属于消亡之物，所以，自我的形成直接也是对自我破坏的参与。马克思将施蒂纳的个人主义评价为每一个人都相信自己的独自性的资产阶级的产物。

施蒂纳的个人主义最终到达的是，究竟是什么原因使得"存在"比"无"更有价值这个问题。这在叔本华和哈特曼那里色彩浓厚地表现出来。亚瑟·叔本华（1788年～1860年）在《作为意志和表象的世界》（1819年）一书中认为，存在的只有"世界"和"我"。存在于我之前的"世界"既无目的也无终结，又无意义。世界不过是只是等待着死亡的"我"的表象。过去存在的东西已经没了，与不存在之物没什么不同，现在所存在的一切在瞬间之后就会过去。理性没有什么帮助，只不过是将为了使难以忍耐之物变成容易忍耐之物的幻想延长。谈到意识，意识是最坏的能力，因为意识的缘故，人们知道了世界的不合理，还是不存在为好。最好是舍去仅仅是在延长不合理的生的欲望。在这个醉舟之中所能做的仅仅是相互给予绝望的慈悲。

以自传体成长小说而闻名的瑞士作家戈特弗里德·凯勒（1819年～1890年）的《绿色亨利》，依据的就是这样的悲观的无神论。在没有基督教之神的世界，人已经得不到"对错误的宽恕"，只能活在严谨的世界里的主人公走向了自杀。当时也有很多人不喜欢这个悲剧结局。因为19世纪的人们所期望的无神论，是充满"解放"的、喜悦的、乐观的、肯定性的无神论。

但是，有多个孩子并对德意志民族主义也做出了贡献的哈特曼（1842年～1906年）在《无意识的哲学》（1869年）中，讲述了失去神的绝望，主张无论是科学主义还是社会主义，进步史观全都不过是幻想，当其劝诱集体自杀时，不少人对此产生了共鸣。

19世纪取代神的不只是"人类"，还有阶级、国家、科学、进步、民主、民族以及各种偶像。在完全否定了这样的替换、只留下个人和不合理的世界时所形成的心理学的无神论，则迫使人们分别去摸索生存方式和构想存活战略。能对此做出回应的是孤绝的强韧的精神，而堕入疯狂的深渊的风险也很大。

尼采的无神论

在个人心理学将悲观的无神论编织成的孤绝的生存战略中，对20世纪以后的后现代主义时代带来最大影响的是弗里德里希·尼采（1844年～1900年）。因宣告说"神（上帝）死了"而闻名的尼采，为替代在没有神的虚无中的绝望，选择了强力意志，构建起超人思想。如他在给妹妹的信中所写的："如果需要灵魂的和平，可以去相信。如果想做真实的使徒，可以去追求。"尼采既拒绝了停留于宗教的幻想，也拒绝了在绝望中呆立不动。尼采看穿了西欧近代的"杀死神（上帝）"实际上是基督教的世俗化，所有近代的"人的宗教"都不过是将基督教体系的非宗教化。

虽然是牧师的儿子，但他在18岁的时候就已经预感到在《圣经》解释学和理想主义哲学面前基督教大概会走向形式化。其友人露·安德烈亚斯·莎乐美（1861年～1937年）证实了尼采为强烈的宗教感情拥有者，他对神（上帝）之死感到战栗。尼采比任何人都更早地意识到了基督教的神已经变得难以令人相信一事所带有的含义的可怕性。神（上帝）死了，是我们杀死了神（上帝）。

那么神（上帝）是怎么被杀死的呢？首先路德将神当作了依据各个人的个人信仰之物而杀死了神。神本身也由于过于怜悯人而招致了自己之死。神被神学结果了生命。科学、心理学的发展也杀死了神。另外，不能忍受目睹陷入临死前痛苦的悲惨的神的样子的尼采式意志则进一步给予了决定性一击。

最糟糕的是，人没有意识到杀死了神（上帝）。只是基督教被替换为人文主义，伦理学以及形而上学都实际上没有任何改变。人们仿佛像神还活着那样行动着。

今天，人必须认清神之死的现实，习惯没有神的生活。这里有两种方法：一个是"针对大众"的方法，选择奴隶的伦理，也就是说，可以取代神而去崇拜科学、进步、民主主义、真实等偶像新神的影子。期间，因为人会舍弃生存条件恶劣的场所，所以，这个世界将变得越来越狭小。有人为了相互取暖而靠近身体，有人为了舒服生活偶尔下毒，为了舒服地死也会下毒。大家平等地、昼夜快乐地生活，注意健康，适度"幸福"地活着，只要满足即可。这是超人的反面的"末人"之路。

另一个是针对真的无神论者，即面向从"超越"幻想中解放出来、接受没有神的世界的人们的"超人"之路。真实或含义等等并不存在，所有都被允许。对于超人来说，所谓道德是强力意志。以所谓在神的面前平等的基督教平等为基础的道德是愚蠢的。超人面对永恒复归的世界，英雄地活着。像叔本华那样的死心和绝望并不是超人之路。但是，在难以抗拒的命运面前，选择自由生存本身就是矛盾的。尼采被怀疑所腐蚀，为了真正相信自己，结果只能把自己逼入疯癫的道路。这样，19 世纪的超人进入疯癫之中，而在下一世纪，追求平等的小市民幸福的"末人"们填满了近代和后现代的世界。

二十世纪的无神论

苏联与无神论

19 世纪科学主义、历史主义、个人主义等等在到处展开对神的杀戮之后，在 20 世纪，所有的"确信"都发生动摇，以普遍主义之名的欧洲中心主义也产生动摇，所有的价值观都被相对化的后现代时代来临。

不过，在俄国革命后到来的社会主义的梦想中，作为意识形态的好战的无神论仍然大行其道，科学进步主义在 20 世纪前半期也尚未达到怀疑的阶段。曾经有过神学校学习经历的斯大林（1879 年~1953 年），对宗教进行了清扫，无神论在苏联历史上首次被立为国家意识形态。不仅宗教教育几乎完全被禁止，而且"反宗教教育"被编入教学课程之中。与宗教的斗争成为社会主义的大义，说服大众相信宗教不仅在社会角度而且在科学角度也是错误地成为一项政策，1925 年还成立了无神论者联盟，1929 年发展为战斗的无神论者联盟，其将有计划有步骤地废除基督教以及所有宗教定为目标。耶和华、耶稣、佛陀、安拉都被指为敌人。所有的宗教都被看作是压榨的工具以及施加于劳动者身上的麻醉剂。神职者被视为非劳动者的社会的寄生虫，被剥夺了公民权，不发给其实物配给券，多数被送往强制收容所而被杀死。建立了莫斯科反宗教中央博物馆，以展示宗教的危害。俄国东正教大教堂成为无神论博物馆。1930 年代初战斗的无神论者联盟有成员 200 万人。1925 年成立于维也纳的"马克思主义无产阶级自由思想家国际"，在法国、德国、捷克斯洛伐克、比利时、波兰设有支部。1930 年其中的过激派分离出来与苏联的无神论者联盟合并，1932 年扩展到欧洲 16 个国家、美洲大陆 4 个国家、亚洲 3 个国家以及澳大利亚，隶属于莫斯科。

但是，20 世纪 30 年代后半期以后，苏联的反宗教热淡了下来。一方面，因为神职者、宗教建筑物已经遭受破坏性打击（原本有五万人以上的东正教牧师，只剩下数百人），有着千年历史的基督教被认为已经在 10 年间消失；另一方面，则因为出于防卫法西斯的需要，产生了与欧洲基督教阵营联合斗争的必要。

到了第二次世界大战后的 20 世纪 50 年代中期，苏联的反宗教政策以其他形式重新开始。冷战时期，宗教现象被作为社会科学的一种而被驯服。无神论本身也被分类为社会科学。所谓无神论，是探索排除想象的宗教世界观与对神和彼岸的信仰的规律的科学，其会向人们指示从宗教所培养的幻想中将人的精神解放出来的手段。1963 年米哈伊洛夫对苏联一部分地区萨满教复苏现象进行了评价，他称，与基督教相比，巫术对无神论更有抵抗力。实际上，即使在冥想式祈祷的传统等消失之后，各种祈祷等的宗教的巫术仍然根深蒂固地生存着。在东德主持无神论讲座的库劳尔，在 1965 年的调查中，估计公务员的半数以上（56.6%）是马克思主义无神论者。在捷克斯洛伐克，高阶神职者以协助纳粹名义遭到谴责，在学校里则对世界的科学起源和宗教的起源进行讲授……

1932 年 1 月，法国的超现实主义者阿拉贡与共产主义产生共鸣，他叙述道："相信神的存在是反革命的。因为神并不在天上，而只不过是以资本主义国家存续为目的的知识框架而已。"不少艺术家，在没有神之后，将自己摆放到创造者的位置以维持与超越的关系，来度过危机。

反教权主义的无神论与合理主义者联盟

法国依据 1905 年的《政教分离法》实行政教分离之后，天主教的典礼仍然举行着人们的通过仪式，所以，反教权主义的无神论盛行。称得起教育社会主义的公共教育对宗教的排斥是强硬的，自由思想家全国联盟在公务员、教员之间扎下了根。但是，因过于热衷反教权主义，对 20 世纪 60 年代前半期天主教第二次梵蒂冈大公会议所采取的脱离上一世纪的反科学主义、转向与其他诸宗教对话和普遍主义未能给予应对。"自由思想家"们仍旧继续攻击天主教会的不宽容以及帝国主义。对于他们而言，是天主教会为了生存，剽窃了近代人文主义理念。实际上，欧洲近代理念是基督教和希腊、罗马哲学的混合体，是其世俗化，所以，虽然该攻击类似于根源于18、19 世纪的政治情况的内部争斗，但好战的无神论一直存续到20 世纪 70 年代。

在中央集权的天主教会影响弱的社会中，则诞生了并不以反教权主义为重心的无神论团体。这就是英国的朱利安·赫胥黎（1887

年～1975年）等人于1952年成立的"国际人道与伦理联合会"。他们主张结束与教会的无益之争斗，希望与重视对作为神圣的有道德的存在的人类进行尊重的所有人联合起来。他们对所有使人类停留于幼儿状态之物进行批判，并试图对后宗教的文化形态提出建议。其中既包含有实证主义的合理主义者，也包含提出极左自由主义的基督教理想的人道主义者。

1938年建立的"合理主义联盟"在第二次世界大战后吸纳了爱因斯坦、罗素、哈利为名誉会员。该联盟主要就媒体对基督教的报道方法的偏重给予了批判，并对教会对艺术表现的批判也给予了激烈的抵抗。作为法国共和主义的摇篮之一的法国大东方会派的共济会，在1960年，就欧洲共同体的形成可能意味着教权支配下的欧洲的重生一事表明了担忧。

从20世纪80年代，好战的无神论者与天主教会双方间出现了宽容的让步。这是因为第二次梵蒂冈大公会议的精神得到传播，过去类型的牧师、修道者、典礼消失了踪迹，出现了政治上属于左翼的神职者。另外，还因为在与社会主义阵营间的冷战结束过程中天主教保守派与自由主义者间出现了联合的必要。在中南美，抵抗军事独裁政权过程中，还出现了与共产主义进行联合的"解放的神学"的动向。

在法国政教分离中，教会方面也同意服从对市民的和平负有责任的政府的政策。合理主义联盟倡导，只要不强迫性向他人传教、相互共存，则无论什么信仰，都可以允许，都应该尊重。

神学家的抵抗

天主教教会对无神论重新进行了定义。首先包括没有神的概念的、不可知论的、消极的无神论和明确地排除至高存在的、积极的、无神论，其中后者又包括通过思维的理论上的否定与体现于行动的否定。但是，在前者方面，没有正确把握神的概念的哲学家不能称为无神论者，原本就没有神的概念的民族或不能导出直接否定神的概念的结论的思想也不是无神论，这样就特别指定了"敌人"。1944年，耶稣会的亨利·德·吕巴克（1896年～1991年）对无神论人文主义者的高洁给予了承认。无神论人文主义者们之所以忌避神，是因为他们认为神限制了人的自由和尊严。但是，这样的神的概念是错误的，进行错误引导的是奥古斯特·孔德、费尔巴哈、马克思三者。吕巴克一边对这三者进行大体的评价，一边指出了其不充分性。与此相反，对没有理念的大众的对神的不信仰以及单纯的攻击性无神论则给予了蔑视。按照这种护教论的观点，国家、市场、民族那样的偶像取代了神，以及20世纪蔓延的极权主义都是因为无神论的缘故。另外，这种"无神论"的神，就是基督教的神，所以，拯救这个世界的还是只能是基督教的神。

也有如雅克·马利丹（1882年～1973年）那样不承认真正的无神论的神学家。所有的人即使否定神的存在，也会以某种形式接受超越的观念，所以，他们所否定的神并不是真正的神，而是偶像的神。无神论者不过是否定天主教会的权威的"反教权主义者"，其逻辑与迷信一样，仿佛如孩子般幼稚。如果有由于恐惧或傲慢而真的不相信神者，那么他们之中有的人可以说无所谓伦理。无神论者不是应该被憎恨的存在，而是应该被怜悯的存在。如果过去基督教徒有过虐杀行为，这是因为他们并不是真正的基督教徒；相反，自称为无神论者的人如果施行了善行，他们就是基督教徒。

在1978年的《神存在吗？》一书中，汉斯·昆（1928年~）对上述基督教所采取的对无神论的笼络进行了批判。无神论者的信念作为一种信念必须被尊重，给无神论者套上伦理上的罪名也是错误的。汉斯·昆指出，无神论者也应该尊重合理性，其应该承认正如神的存在证明不能确定一样，神的非存在证明也是无法确定的。

不过，也有神学家并未过低评价无神论者并认为其无害，而是代之以再次去挑战神的存在证明这个课题。接受第二次梵蒂冈大公会议（1962年~1965年）所提出的"正确的理性明确了信仰的根据"的说法，各种各样的美丽词句被其应用。语言的含义也有一点点地被偏离的情况。出现了"对神进行证明与对神进行期待同义"、"大公会议的文献的含义并非是理性证明神的存在，而是理性指出了信仰的基础的意思"等说法。另外，还有人相反地认为"必须以信仰去期待理性说明神的存在"。还有人称，为了理性地证明神的存在，首先必须相信神。或者称，正是没有存在证明才是证明。如果存在证明自明的话，人就没有了信仰的自由意志，所以神特意隐藏起来。

也有人通过运用计算机对《圣经》文献进行解析、显示其中所隐藏内容，将此称为神的存在证明。因为在计算机不存在的时代，按理人是不可能将如此复杂的"谜"编入《圣经》中的。

但是，天主教会在第二次梵蒂冈大公会议以来，作为现实承认了无神论在世界中传播的事实本身。对神或宗教的否定，是伴随着科学的进步或新的人类中心说而出现的。关于无神论的产生，隐藏起神的真实姿态、放松了信仰教育的基督教会本身也有部分责任。大公会议对以人类中心说为基础的无神论以及马克思主义无神论进行了分类，对应该如何面对上述无神论进行了论述。首先，通过向世界展示真的友爱来与无神论进行斗争；其次，为了实现更好的世界而与无神论者共同进行斗争。教会在坚决拒绝无神论的同时，必须努力使信徒和非信徒所共同居住的世界变得公正。能够使其成为可能的是诚实、慎重的对话。

在这里，天主教教会不仅将"无神论者"这个词汇能够适用于全体非基督教徒而使用着，而且适用于那种"反基督教"或"反教权"的对基督教不关心、不信仰等的"离开宗教"者。那种认为关于信仰的疑问都是无意义的新实证主义者也进入了视野。

在不远的过去，教会还相信有可能将全世界基督教化，但现在，问题已经不是神是否存在，而是意识到神"不在"所带来的震撼。

即使在基督教内部，也出现了倡导无宗教时代的"无宗教的基督主义"的人以及舍弃形而上学、希望光靠行动来显示基督教的再降临的人等等。受到施特劳斯、海德格尔的影响的布尔特曼（1884年～1976年）主张，关于历史上的耶稣，由于过于缺乏史料而有着过多的粉饰，所以应该舍弃基督教共同体所创造出来的耶稣神话。因为基督教出自和产生于使用希腊文化、诺斯替主义、末日论信仰（《启示录》的末日论）的神话语言，所以在现代必须对其真正的含义进行探索。没有必要使信仰合理化。所谓信仰，就是向神的非合理的跳跃，其本身就能使其正当化，所以没有必要进行说明。

该见解与20世纪后半期的结构主义和符号学将现实的情况解析成含义或结构的做法不能说不相似。克洛德·列维＝施特劳斯（1908年～2009年）等并不是想把握"人"，而是想把握人的行动与文化的结构。米歇尔·福柯（1926年～1984年）同样将"人"从特权的整体的位置上拉了下来。对时代的理性认识驱动着人。人也和神一样，不是实体而是成为研究对象的语言符号。哲学用人代替神，而人文科学则以相对主义夺走了人的内容。

后现代的无神论

后现代的相对主义夺走的是"超越"，是"价值"。

这也是尼采的思想的发展。不存在的不仅是神，"客观的价值"也不存在。只有与人的生存战略相适应的恣意的价值，而没有自由自立的人等等。在1960年代末的学生运动中，为了从禁忌中解放出来，尼采的著作被阅读。社会学也按照尼采的路线，对人的行为全部进行了非神话的说明。例如，民主主义、人权主义的诞生，也并非是依据高贵的无偿的精神所做出的选择，而是因为对于神的存续而言，与杀戮相比和平更有利。这样，后现代的民主主义，被剥夺了"为了使世界更加美好，人们能够参与创造历史"这种根本性的"宏大故事"。

这种后现代的"解构"的想法，如同无神论给予基督教的打击一样，对近代人文主义和启蒙思想给予了打击。但是，另一方面，近代人文主义之中，特别是在文学家那里，染上对宗教或超越的怀旧的色彩的、充满微妙意味的无神论也切实地延续着。浪漫主义诗人奈瓦尔（1808 年～ 1855 年）的明晰到英国诗人哈代（1840 年～ 1928 年）那里已经显示出不明朗，而人文主义诗人杜亚美（1884 年～ 1966 年）、作家瓦莱里（1871 年～ 1945 年）则并未隐藏其不安。提倡一致主义的朱尔·罗曼（1885 年～ 1973 年）、马丁·杜·加尔（1881 年～ 1958 年）唤起了怀旧主义，托马斯·曼（1875 ～ 1955 年）讲述了道德上的无神论。

从相对主义和解构中恢复"超越"的尝试也被继续着。已经有胡塞尔（1859 年～ 1938 年）的哲学，认为超越有自我中的"自由"和来自自我之外的"价值"两种形式，试图恢复超越的地位。

希腊哲学的超越的宇宙观在"并非是人所发明之物"这个意义上从人那里实现超越。基督教的超越神，因为该宇宙观和人一起被创造，所以从人和从自然那里超越。胡塞尔此外还提倡了内在性中的超越概念。这里有一个著名的六面体的比喻。当将六面体拿到手上时，我们一次只能看到三面，因为看得见的部分组成于看不见的部分之上，所以内在是对隐藏的超越进行推定。超越不是形而上学，而是现实的一个次元。世界的真实性决不会体现为明快的可操作物，所有的意识都是限定之物。虽然在"我"之中却显现为好像来自"我"之外，是内在的超越，真善美等的价值观也一样。这样的价值观既不是主观也不是兴趣，没有必要通过权威强加于人，也没有必要通过神学或哲学的虚构故事来进行论证，超越之"场所"不是故事而是精神之物。

让·保罗·萨特（1905 年～1980 年）在《存在主义是一种人道主义》（1948 年）中宣布了人的特异性。动物有着作为类的本性，个体的状态被其所规定，但是人则其各个现实的存在先于本性。相反，正是因为这个原因，只有人对各自的行为负有道义的责任。动物或机械则即使杀伤了人，也不被追究道义责任。存在主义在康德、卢梭的流派中，对能够行使自由意志的人不断在利己主义与利他主义之间纠葛一事进行了确认。正因为人不能够像动物那样在自然状态下进行类的生存，所以必须通过教育来构筑更加良好的历史和文化。该看法属于通过在没有神的状态下讲述基督教的人类观而成立的"近代西洋"的王道的流派。

成为无神论者的理由

20 世纪自由世界的知识分子走向无神论的过程，与 19 世纪的情况相比几乎没什么变化。因为基督教社会的几乎所有人都经历过在孩子时代作为家庭仪式的基督教、"作为教育工具"的"妇女和儿童的基督教"，这点没什么变化。有人对基督教的非科学性进行反抗。虽然属于犹太系，但出身于同化主义家庭，并在天主教色彩浓厚的慕尼黑读小学的爱因斯坦（1879 年～1955 年）在 12 岁时，意识到"《圣经》中所说的话好像不是真实的"，并产生国家有意识地欺骗青少年的印象。其后，他放弃了犹太＝基督教的人格神，但一直保持着泛神论的感性，也有人反对福音书的非历史性。圣·埃克苏佩里（1900 年～1944 年）对有关复活的叙述的历史可信性感到疑问，他称，仅仅以大公会议无谬为理由就认为是真实的，这非常令人难以接受。虔诚者接触神学后放弃信仰的勒南型的经历也作为标准之物持续着。天主教记者乔治·乌尔丹（1899年～1999年）报告了在罗马学习《圣经》学10年后离开神职的法国人牧师从基督教转为无神论的经历。

也有如伯特兰·罗素（1872年～1970年）那样面对永无止境的追求真实的过程而放弃信仰的例子。剧作家埃德蒙·罗斯丹的儿子、生物学家让指出，绝对的"真实"常常会变为霸权主义和自以为是，令人憎恶。如果神存在的话，则无法说明世界中的恶和不幸这样的众所熟知的议论也被反复重复着。阿尔贝·加缪（1913年～1960年）对针对人生的不合理的基督教式解决方式进行了反抗。海明威（1899年～1961年）对"死"进行了反抗。第二次世界大战中投放于日本的原子弹所带来的冲击，从根本上动摇了欧洲人对人类中心主义的信赖与科学进步主义的幻想。

大众也不断地脱离宗教。1956年法国的调查中列举了生活中完全无宗教行为的人的"无信仰"的理由，包括未接受过宗教教育、书籍的影响，生活困苦，世界上的罪恶或悲惨的情况使其对信仰者、神职者的伪善感到失望等等。

无神论与心理学

心理学的无神论之外，从心理学角度对无神论进行研究的尝试终于登场。

就宗教者、宗教感情所进行的心理学研究已经有不少。神秘体验也成为异常心理学的对象被进行分析，并被解释为心身疾病的歇斯底里症。以科学之名所进行的从灵性中剥离圣性的尝试也不少见。一个是好战的无神论者对宗教次元的否定过程，进而是发现了基督教以外的宗教的冥想、神秘体验的西洋知识分子们倾向于相对主义和结构主义的过程。

但是，就无神论的心理状态本身的心理学研究几乎并不存在。因为无神论者的自我定义当然是否定性的。比利时的耶稣会牧师雅各·拉冈（1901年~1981年）的弟子、精神分析学家维尔戈特在进行信仰、宗教的心理分析研究的同时，关于不信仰和无神论，也将其作为"研究对象"来给予了论述。无神论现象并不是某种人的无神论的性格倾向所导致之物，而是在"神圣"面前的逃避行为或反动，它是人面对不合理现象或魔法现象时的自我防卫反应的一种。这是因为内在于基督教的政教分离疏远了神，世界必然走向世俗化的过程之一。因为科学或技术占据了该世俗空间，神则失去了自由的存在位置。因为"个人"的出现，神的活动变得不被感知。

知识分子对宗教感情的警戒心也是无神论的原因。由于人文科学的发展，人们弄清了人的"内在的经验"会如何被冲动、压抑、不合理所歪曲。在这个意义上，人文科学方面的知识分子更容易成为无神论者。社会学、历史学、心理学、哲学、精神分析学等等，那个都能够到达无神论，因为它们试图通过人的因素来说明人的行动。

地球上的恶和悲惨事情的规模在变大，相关信息也在扩大，由此导致的悲观也是无神论的原因之一。另外，基督教对性的否定态度与寻求从性的压抑中获得解放的潮流相背离的事实也不能无视。基督教在近代被面向"妇女和儿童"而应用的情况也招致了无神论。因为基督教的宗教教育在从幼儿到青年期，或属利用祈祷的效用等巫术性的，或为神罚等的道德威胁，或多采用将神拟人化等等"针对幼儿"的原始表现形式，而"儿童"成人后会形成"诀别"性的幼儿体验。特别是对幼儿来说，其与性的压抑、罪恶感的灌输相关，所以就会发生针对此的拒绝。在成人社会，泛灵论世界观也显著减少。

再加上社会本身的变化。由于媒体、娱乐的普及，社会整体变得如剧场般，庆祝节日化，人们已经变得不需要"非日常（的生活）"、"神圣的时间"。因为在巨大消费社会中，饥馑、瘟疫、战争的威胁也大大减少，所以，作为"最后的依托"的神的用途也消失了。作为基督教价值的替代物的人文主义、民主主义满足了良心需求，对不合理的憧憬则有"超常现象"或神秘超自然的市场给予应对。摩西、耶稣的电影、音乐剧可供消费，甚至原教旨主义流派、极端的宗教团体等也形成"产业"体，开发着市场。这是也可称之为"后无神论"现象之物。

即使进入 21 世纪，宗教原教旨主义咋一看来似乎很盛行。伊斯兰原教旨主义者的恐怖主义、基督教原教旨主义者的前近代言辞、善恶二元论以及各种新宗教、极端的宗教团体所提出的绝对存在、诸神、教祖、活着的神也蔓延着。但是后无神论时代的这些言论，已经不是西洋近代的基督教无神论者们曾经所怀疑、否定、斗争的那种"宗教"的言论了，而是属于政治的、社会学的、功利主义经济的言论。

不，不单单是采取了宗教形式的言论。从拜金主义、自由竞争主义、不加区分的少数派拥护者、宗教阴谋论到原教旨主义的深生态学，与无神论相似是而非的言论到处泛滥。几乎所有这些言论也同时属于政治的、社会学的、功利的言论，而不可能是为了避免宗教陷入偶像崇拜而从背后进行支持的真正的无神论。

近代方案的否定

除了由于后现代的解构、相对主义、全球化，传统宗教一点点衰落下去之外，在 20 世纪末，作为"西洋近代"的根据之一的科学与宗教、理性与信仰、圣与俗、理智与感情、政治与宗教这样的二分法本身遭到了很大质疑。这对于不屈不挠地坚持近代的普遍理念以及对未来的理想的阵营来说，其冲击性超过了后现代的危机。1991 年布鲁诺·拉图尔（1947 年～）所发表的《虚构的"近代"》，对近代、反近代、后现代等的区别本身提出了疑问。原本近代之依据，被认为就是从将自然、科学等"非人类的"领域与社会等的"人类的"领域加以区分开始。正是脱离于自然与政治、宗教、社会未分化的"未开化社会"，使政治与宗教分离，将理性从宗教中解放出来的西洋近代，才将自己和世界的命运重新掌握在人类自己手中。但是，拉图尔指出，人作为纯粹科学所对待之物是通过人之手而任意再现，而纯粹的自然或不含人的要素的抽象科学等是不存在的，相反人的社会组织、管理并非是纯粹的任意之物，其实受自然条件等诸多外在要素的左右。实际上"近代"的人的活动全部都只是从这个"虚构的二分法"所派生出的混合物。生态学的抬头，就是政治与科学（＝自然）无法分离的良好的例子。实际上，该书成为将民主主义、普遍主义扩展到动物、环境领域的环境政治家的理论基础之一。

但是，将人文科学与自然科学的界限暧昧化的类似言论，遭到了来自科学主义者的猛烈反击。阿兰·索卡尔（1955 年～）和让·布里克蒙（1952 年～）两位物理学家不仅对该书，而且对人文科学家为了自己的方便将"科学的语言"一知半解地挪用于自己的理论上的做法进行了强烈的谴责。后现代的知识分子之间，流行着科学与信仰未分离的"未开化人"的"野性的思考"、引入东洋哲学、瑜伽、佛教的概念或身体意识、应用不确定性原理、宇宙大爆炸理论、分形理论、突变理论等数学的或物理学理论的做法。

从 20 世纪 70 年代，面对甚至被新世纪运动理论所应用的物理学家弗里乔夫·卡普拉（1939 年～）的《物理学之道》（1975 年）和《转折点》（1982 年）等大大远离了古典牛顿力学那样的易懂的条理清晰性的相对理论和量子力学，单纯的科学主义的框架模式开始发生变化。科学的词汇与思想的词汇变得重叠起来。索卡尔指出了从拉冈到波德里亚的"科学的"言论的错误，将其称为骗子。

1994 年科学的一方，脑神经学家安东尼奥·达马西奥（1944 年～）发表了《笛卡尔的错误》。南加州大学情绪与创造性研究所所长达马西奥从根本上动摇了人文科学与精密（自然）科学的二分法。他对因爆炸造成脑损伤与接受脑肿瘤手术后丧失感情的两名患者的情况进行了对比，发现尽管他智力能力无损伤，但是他决断力、学习能力欠缺。达马西奥做出结论说，人的思考或决断如果单单依靠理性则无法发挥机能，需要感情或躯体感觉的无意识反应（身体标记假设理论）。也就是说，笛卡尔将肉体与思考相分开成为"错误"。不仅如此，被认为是最原初的意识结构的"感情"与最高度的智力能力联动着。这在某种意义上，等于确认了前世纪美国的实用主义者威廉·詹姆斯（1842 年～1910 年）所做出的关于宗教体验、情绪引起身体反应的叙述，否定了行为主义心理学。行为主义心理学属机械论的、唯物论的见解，是那种认为精神的现象有名字，但无作为指示对象的精神的实际状态的唯物论的一种。他认为，自由意志是错觉，唯有对行动的观察是唯一的研究对象。这与无神论产生了社会学的见解同出一辙。以心理学来分析宗教现象，是一种以心理来说明神的尝试，而行为主义心理学则将该两者同样视为虚构。

达马西奥的该书，不仅否定了心身二分法，而且可以说他恢复了心身不可分的认识，成为之后探索脑的机能与人的行为之关系的神经心理学的基本文献之一。1996 年心理学家丹尼尔·戈尔曼（1946 年～）写作了《情商》一书，过去被无神论者们作为依据的信仰与理性相对立的近代形态继续被瓦解。在脑科学家之中，也出现了通过检查处于深度祈祷或冥想状态的宗教人士的大脑，以弄清大脑中神所居住的位置或与神相遇的部位的人。在 20 世纪初，产生了期待无神论者所依据的科学进行灵魂体验的观察或进行神的存在证明的潮流。

认为理智与感情不可分的见解对历史学也给予了影响〔马克·费罗（1924 年～）《历史中的仇富》〕，并波及经济学。丹尼尔·卡内曼（1934 年～）等则打破了那种做出存粹合理的、逻辑的判断以进行经济行动的"经济人"的神话。

成为后现代的结构主义的基础之一的文化人类学的相对主义也受到了 2005 年菲利普·德科拉的《超越自然与文化》的再次疑问。结果，西洋近代作为对立物来把握、成为科学进步主义要点的"自然"与"文化"的二分法的妥当性受到了质疑。1962 年列维·施特劳斯说明了在异文化的各自结构中人的精神的单一性，而德科拉则使人与其环境之差异本身无效。被认为地球上众多的文化中，"非——人类"被置于通信不可能的场所中，按照各自独有的原理来生存。各种各样的文化，通过精灵信仰、图腾信仰（认为某一共同体与特别的动植物相关联的宗教）、类比推理等的同一化，来表述人与自然的关系。例如，在精灵信仰中，动物、植物被赋予了与人同样的意志性。与人不同的仅仅是身体的组成。这与近代西洋的自然科学所认为的人在肉体上属于动物、在精神上则与动物不同的见解正好相反。将人以外的自然作为"非——人类"的西方的自然观，实际上不过是人类的多样的文化产物之一。这样的话，近代西洋作为武器的科学的方法论、生物学的唯物论也失去了其优越性。此书与布鲁诺·拉图尔的主张一样，也被应用于巩固环境产业、环境政治的根据方面。

现代日本与后无神论

如果从日本这样的国家来远眺上述这样的后现代或后无神论的言论的话，会遗漏掉那种欧洲中华思想（译者注：这里的中华思想泛指那种以本国为中心，将周围国家视为未开化之蛮族，并试图将其纳入文明教化之中的思想）的优越感与自卑感相交织的微妙之处。

在日本，将不存在超越的普遍宗教的佛教被驯养为镇护国家思想、祖先崇拜活动的一部分，使之与基于共同体意识的神道相调和，并置于相对于中国的先进文明的"周边文化"的位置，所以，无神论当然自不用说，甚至没有"信仰与不信仰"间的紧张、"良心、自由意志与宗教"的纠葛的历史。对于与三分之一人类所关联的一神教也缺少基本的知识。一神教的世界中每当"神"被政治或民族主义言论所利用时，在日本所展开的批判，只不过是对西洋近代无神论的斗争中所提出的批判的借用而已。

并且，欧洲的知识分子，其根深蒂固的中华思想至少从表面上瓦解，在表达对"东洋"、"未开化之地"的异国情绪的憧憬方面也未吝惜。与在欧洲的同一性形成过程中不断较量并成为其直接威胁的伊斯兰世界不同，未曾有过能构成为直接威胁性接触的"东洋"、"未开化"、"野生"，对于他们来说隐藏着巨大的可能性。对于已经因强大的天主教会与反教权主义、无神论间的长期激烈战斗精疲力竭的欧洲来说，"东洋"或"野生"的泛神论"知识"作为诸教融合式的替代灵性散发出巨大的魅力。

19 世纪后半期日本所接触的"西洋"已经处于这样的阶段。但是，日本没有余裕去深入思考该科学信仰与基督教之间有着什么样的关系。因为为了开国后的生存，日本已经迈入了引入科学技术和富国强兵之路。

20 世纪后半期，第二次世界大战的"战败国"日本无批判地接受的是美国文化。但是，美国文化在作为现代世界的标准的"西洋近代文明"中属于特别之例。美国身为从否定"基督教之神"（正确地说，是非宗教化）开始的"近代欧洲"的娇子，却从"建国"精神开始就已经涂上了建设清教的"神"之国度的意识色彩，处于不存在"近代以前"（译者注：历史、文化）的特殊的环境之中。并且，与拥挤于狭小地带、以帝国主义扩张为目标的欧洲不同，美国必须专心于在"神的保佑"之下去"开拓"广阔的大陆和维持移民社会的秩序。从 20 世纪 70 年代前后开始兴起的加利福尼亚新世纪运动之前，异国的混合主义尚没有形成大的潮流。

近代日本，为了在国家神道之下短期间内建设起国民国家，提出了"和魂洋才"，专门优先引进科学技术。实际说起来，在"西洋"作为"洋魂"的基督教等已经形式化了，所以，如果当时的日本认真分析"洋魂"的话，其怀疑主义、合理主义、无神论的言论也许会给"国家神道"传说本身带来危险。也就是说，近代日本作为政策所避免引入的，不是"基督教"，而是带有偶像破坏之力的"无神论精神"，这被彻底贯彻。颇有意思的是，哪怕是被引入日本的共产主义思想，日本共产党也没有对被当成是现人"神"的天皇进行"无神论"式的否定。

这样，在未经历"无神论的危机"的状态下，极权主义的"神圣"由于战败被从外部取消的日本，作为其替代物而被赋予的是"民主主义"和"自由"。但是，无论是该民主主义还是该自由，都是将神的保佑作为统一的工具进行着冷战的霸权主义美国的双重标准那样的课题。在欧洲，基督教世俗化过程中一边呻吟一边诞生出来的并不得不在持续的紧张感中与基督教谋求持续共存的民主主义和自由，在美国则与神保持着同一步调。在这样的双重标准之中，无论是"自由"走向弱肉强食的"新自由主义"还是在危机中"民主主义"变得无法发挥功能，都不必去吃惊。另外，对此未加仔细斟酌、暂且通过经济复兴努力成为第二"富国"的日本，在功利主义面前放弃传统的社会保障也是必然的结果。

与此相反，无论从权力内部还是外部都不断诞生出"无神论"的世界的优点在于对法西斯主义的预防。在法国这样的国家中，大革命以来，一直持续着天主教会与政教分离主义者间相互对立与牵制的格局，极端宗教团体等其他的新兴宗教进入的余地则非常小，蜂拥加入极权主义的危险也小。对"自由"、"民主主义"、"共和主义"的执着，也让人无法忘记它是"神"的替代物，正因为此，不断推动着对其的检验。并且，过去中华思想严重的法国也经历了被德国占领、支持纳粹等的罪恶感以及经济的破坏、阿尔及利亚战争的身心创伤等，谦虚和自我批判成为知识分子的基本装备之一。无神论也在此背景下结束了曾经的单纯的原教旨主义。每当社会性危机时，那种认为所有种类的"绝对坚信"都是蒙昧的看法，就会被唤醒。其相对主义与作为共和国理念的普遍的理想主义之间的纠葛，也迫使有良心的人们每次都做出考察。

日本人对于西洋的结构主义文化人类学、东方兴趣（东方学）以及对社会的少数者群体的兴趣当然是欢迎的。第二次大战后日本与亚洲近邻诸国的关系修复进展迟缓，在国际社会中很难恢复与其经济实力相称的权利，也无法使依存于美国军事力量的关系正常化，在这个背景下，传统的互助社会瓦解，背负着零散分割的个人主义的同时，民族主义和复古的言论被大声倡导。在这里，后现代对"非西洋文化"的评价所带来的对自信的恢复也确实存在着。但是这里所讲的对"欧美"批判、对一神教批判、对宗教蒙昧的批判，几乎都主要是欧洲自己在数世纪间反复重复着希望与绝望的同时所诞生出来的言论。

21 世纪的现在，地球确实有着诸多问题。这些问题严格来说已经不是宗教问题，而是政治问题、外交问题、经济差距问题。现在已经不是那种一生都在出生之地只被地缘血缘关系者所包围的时代，即使自己不迁移，也无法避开来自全世界的所有种类的为求生存而来的"外国人"。在多样性的时代中，为探索能够在多大程度上与他人联合去构建更和平、更有人情味的世界，必须要在就作为自由平等友爱的工具的普遍主义达成一致的基础上，提出可共有、可持续的共生的规则。

因为是如此重要的时代，所以并不是日本人对基督教文化所一直不厌倦地重复的老一套的基督教批判、西洋文明批判、进步主义批判、人类中心主义批判加以孜孜不倦地反复再利用的场合，应该有那种正因为是从外部才能看到的出口。我们有必要对西方人在孜孜不倦地走向"外部"、发现"外部"（即使是被帝国主义野心所驱使）之后，批判、发展内部的思想脉络进行认真的探寻，而不是去面向过去和内部。这样，也许能够处于西洋文明之中，却获得真正的"非西洋"的视点。如果存在着"普遍"的善，那么能够对其发展做出贡献的就是期待从上述这样的视点所诞生出来的思想。

第二部 / 无神论的诸形态

哲学与神学

从日本角度来看欧洲思想史，难以理解的事情之一是，在近代欧洲，有一个时期哲学成为"无神论"的象征、成为无神论的表现这一事实。

本来，在哲学诞生的古代希腊，宗教本身并未被否定。宗教、诸神既是城邦国家的统一的工具，也是守护之神，所以，担负着社会性的意义。

形成了欧洲文化圈的基督教，蔓延到该希腊哲学所扎根的属于罗马帝国版图的希腊文化世界，不久又以几乎驱逐了在之前占据优势的斯多葛派哲学的形式成为罗马帝国的宗教。但是，该基督教的"神学"本身，是运用希腊哲学的逻辑学等一点点形成的。

并且，斯多葛派哲学虽然在所谓的"黑暗的中世纪"初期从公开舞台上销声匿迹，但后来在十字军所带来的第一次文艺复兴时古代希腊的思想连续不断被重新发现，其又重新被利用为强化基督教神学的工具。"哲学"以经院哲学之名，站在服务于神学的立场上被管理着。集西方教会神学之大成的 13 世纪大神学家托马斯·阿奎那的宇宙观依据的是亚里士多德的自然学和逻辑学。要了解文艺复兴时期的神学是如何与古代希腊的世界观结合在一起的，只要回忆下与地动说相关的伽利略的轶事大概就足够了。教会与伽利略相对立，并不是因为其与《圣经》的解释或教义相反，而是因为与亚里士多德的宇宙观相反。

《圣经》中并没有关于地动说或宇宙之组成的记述。

如果写下"教会＝宗教＝蒙昧"的方程式的话，会容易让人认为天主教会想压制近代科学，但天主教会将希腊的理性与合理主义、科学主义作为了其神学的基础，所以，地动说的"哥白尼的天体运行"并不是"科学对宗教的胜利"，而是"科学本身的模式发生了变化"。但是，在文艺复兴以及其后的启蒙时代，哲学不久就作为无神论的工具而不是神学的工具独立起来。

被称为"近代科学之父"的牛顿、被称为"近代哲学之父"的笛卡尔、斯宾诺莎，都没有倡导"无神论"。

广义上的"无神论的世界观＝脱宗教的世界观"从古代希腊哲学时代就已经存在。有观点认为，原本所有的哲学，就是将其所诞生的文化中支配性的宗教非宗教性地表现出来之物，是将讲述世界观的神话抽象化之物。

也被称之为希腊的奇迹的"哲学"的诞生，实际上就是将先行于其的希腊神话散文化、合理化、非宗教化的版本。希腊神话的诸神的诞生与等级制度所传递的信息，意味着在这个世界上"秩序＝美＝善＝调和＝正确"正在确立。第二个信息是通过《奥德赛》中的考验的题目和忘却的题目所述之事，即"人的存在目的并不是对永生的探求，而是与宙斯所保证的宇宙秩序间的调和"。

不过，古代的哲学家们虽然这样地将宗教抽象化、纯粹化，但并不否定宗教、礼仪在社会中的有用性。对于希腊时代的宗教秩序而言，本质的危险并非是神话的非宗教化。而是原子论等很有可能导向不同的宇宙观的科学主义的研究法、伊壁鸠鲁学派、诡辩家等的"否定秩序 = 解构"趋向。

与其说是无神论，不如说是积极地表明对宗教怀疑或不信仰者，其对于共同体来说被认为不合时宜。前面所述的普罗泰戈拉于公元前 415 年被从雅典放逐、著作被焚毁，就是其例子吧。对此，苏格拉底认为"不信仰就是反市民的"，对向人保证道德与正义的诸神给予了容忍。即便是哲学家，也从实用主义角度与宗教保持了共存。颇有意思的是，在这个意义上，正是后来的基督教被作为否定市民宗教的无神论遭到非议。

在罗马，已经存在公元前 1 世纪瓦罗等根据认识神的角度将神学分为三个种类的现象学的方法。第一是应对于荷马等的神话的"诗歌神学"，包括对此按照文字字面意思相信者和作为寓意来进行接受者；第二是"公民神学"，作为公民义务尊敬自己所属的市的守护神或罗马帝国的守护神的神学；第三是就神性进行思考的"哲学神学"，其针对事物的形式中所包含的本质进行考察。在知识阶层中，神话、宗教、哲学间无大的冲突而共存着。

打乱其间平衡的是基督教。基督教徒会为皇帝进行祈祷，也会去缴纳作为义务的租税，但唯有对向"其他的神"奉献供品一事进行了果断的拒绝。因为这属于对公民宗教的否定，所以，基督教徒对于罗马帝国来说被视同为镇护国家的逃兵。公元 250 年，面对国境的不稳定状况，罗马帝国皇帝德基乌斯将献祭规定为全体公民的义务，而献祭者会得到一份献祭证明书，以此为手段对基督教进行了压制（译者注：德基乌斯认为基督徒应该为帝国的动荡负责）。基督教明显不符合"三种神学"的实用主义灵活性。对基督教徒来说，人的肉体与思想、灵魂三者是一体的，并且，基督教是以所有的人而不单单以罗马公民为对象。其与镇护国家是不相容的。

即使如此，基督教在罗马世界仍然以相当强的势头推广着，其原因之一，也许是公民神学对于个人的私人询问并不给予应对让人积累了欲求得不到满足的挫折感。类似"我该如何生存"这样的问题，并不属公民神学，而是属于哲学的领域。可是，哲学家的世界观倾向于抽象的概念，宇宙的秩序也不可能是私人性的。与此相反，基督教徒坚持自己的信仰，甚至可以达到为此殉教的程度，其原因在于，他们的信仰的中心既不是形式的仪式主义，也不是抽象的概念，而是能够通过心来面对的人格神。奥林匹斯山的诸神虽然与人属同一类型，但是人们并不能与诸神直接面对面进行对话。亚里士多德未同万物运动的"第一动力"说过话，柏拉图主义的鼻祖普罗提诺（204 年～ 269 年）也未和"超越本质"交谈过。只有基督教徒与人格神的关系，使个人与神的亲密的信赖关系成为可能。

波斯战争的危机使得罗马固有的诸神开始失去信赖。即便如此，君士坦丁大帝时的基督教徒据说也未超过罗马帝国人口的 10%。不过，基督教徒的共同体一边普遍共有超越的价值，一边在各地形成了网络，因此，君士坦丁大帝大概是考虑改变帝国的多神教的人文环境，将基督教采用为新的统一的工具（当然，君士坦丁大帝本人属于通神者体质大概也是事实，其相信并为求得死后得救在死前接受了洗礼大概也是事实）。

不过，将基督教定为国教的罗马，不久就受到了考验。410 年罗马受到同属基督教徒的西哥特人的入侵。面对这个灾难，无论是基督教徒还是异教徒都认为这是被赶走的过去的"诸神"们发怒的结果，好不容易被罗马所供奉的使徒彼得、保罗二位基督教圣人的护国效果遭到怀疑。奥古斯丁（354 年～ 430 年）那样的雄辩家却以此为契机，强调基督教的确不是"护国宗教"，而是人类所有的爱和自由的宗教，对于甚至可以自我贬低自己的神的爱创建了"神的国度"。作为罗马的国家宗教的基督教的初期，普遍宗教走向变质的部分与不想失去其根本的部分之间相互较量着。

不久，作为国教的基督教扎下了根，覆盖了罗马帝国的版图，哲学及其"合理性"与信仰无关，成为《圣经》解释的道具。希腊哲学的合理性作为探索神的创造物的万物之原理的科学，继续着"宗教内发展"。《圣经》并不是单单靠呈现来说明世界，所以，对闭合宇宙的秩序与调和进行说明的"科学的"行为本身并不是与信仰相反之物。大概可以说哲学已经不是考虑生活方式之物，而是被限定缩小为科学法则与《圣经》解释的学问科目。

但是，正如过去将希腊神话非神话化的希腊哲学的诞生一样，采取将基督教世界观非宗教化的形式的西洋哲学也一点点诞生出来。在这一过程中，神再次失去了"人格"，宗教被视为权宜办法。哲学家们对现在成为"公民神学"、成为"文明"的基督教并不否定，它被当成使社会生活协调的权宜办法。苏格拉底所说的内容，斯宾诺莎也说了，历史在重复。

当近代哲学家们否定成为欧洲社会规范之枢轴的天主教会所"拥立的"神并开始否定其教义时，教会角度上来看就应该是完全的无神论者。但是，"离开教会"的思想家们或做出明确断言说"教会是妇女儿童和无教养的庶民的教育工具"而自己也并未硬去拒绝教会的典礼的哲学家们本身，继续使用着"神"这个词汇。这个"神"已经不是天主教会的概念，而是广泛意义上的文化用语。将神理解为非人格的原理的理神论的神，已经和斯多葛学派的宇宙原理没什么不同。连让经院哲学在整个中世纪绞尽脑汁的"神的存在证明"也变得不再是考察的对象。

作为封建领主，与世俗的权力持续进行争夺的天主教会作为普遍宗教的地位动摇，已经在 16 世纪宗教革命时表面化，当时，无论是天主教还是新教，都相互指责对方为"无神论"。无神论这个标签，是与神的存在与否无关的，否定其基督教正统性的词汇（也存在着倡导狭义上的无神论的少数的思想家，他们是同时受到天主教阵营和新教阵营两者攻击的共同的敌人）。

即使如此，在 18 世纪启蒙时代以前，脱宗教的哲学与作为业界内科学的神学还是共存着。作为哲学家被教会明确地当作无神论者并开始受到敌视的是处于莱布尼茨与康德之间的克里斯蒂安·沃尔夫（1679 年～1754 年），其被教会找茬称为"无神论"，结果却成为将哲学从神学中独立出来的契机。该哲学家以数学为模型进行分析性思考，展开了以与宗教教义无关的常识为定义的独断论。启蒙思想的另一个代表是戴维·休谟（1711 年～1776 年）的经验论，其推动了认为原则上无法保证人的本性能够达到真实的知识的怀疑论。休谟认为，因为人的所有的概念来自于具体的经验，所以无法拥有"神＝无限"的概念。所谓存在，不是被证明之物，而是被体验、被确认之物。神只能通过类推来被定义，否定了类推，就无法成立〔《宗教的自然史》(1750 年) 和《关于自然宗教的对话》(1750 年)〕。无论是迷信还是哲学性的宗教，都来自于试图找到宇宙的意图或意志的幻觉。

康德对沃尔夫的独断论以及休谟的怀疑论都给予了批判，神在要求实现至善时，采取了理性宗教的立场 (《证明上帝存在的唯一可能证据》，1763 年)。

康德实际上并未主张无神论，他认为即使认知人类之上的存在者是不可能的，但不能证明神之存在也不会失去什么，所以他考察了"拥有意志的世界动因"假设 (《判断力批判》1790 年)。

法国革命以来，在国家规模上所进行的高中毕业文凭考试中的哲学考试，到今天仍然是法国教育体系的显著特征，其原本也拥有着"哲学＝反宗教＝反神学"的明确含义。

进一步而言，在近代法国，所谓哲学，具有合理性，拥有着非教条的、实证的个人主义的、自由主义的、近代的肯定的含义，而所谓宗教，则担起了非合理的、教条主义的、抽象的、权威的、社群主义的、守旧的、否定的含义。另外，被赋予了该否定含义的宗教，不用说就是指基督教。

结果，在近代欧洲，令人讽刺的是，哲学与神学成为相对立的概念是因为基督教神学驯服了哲学。在古代希腊世界，将希腊神话世俗化的希腊哲学，可以说是作为同一宗教的"非神话的"版本得以与宗教相并行存在。但是，因为基督教将应用希腊哲学的方法论的"基督教哲学"作为基督教神学，编入为宗教体系的一部分，所以，近代基督教社会的世俗哲学为了与自己差异化，不得不切入信仰的部分使其带有无神论的色彩。这是被基督教包围入"理论的部分"的哲学开始干涉拯救的部分，这成为依靠自力和理性进行"没有神的拯救"的尝试。

即便如此，与过去的希腊哲学作为宗教的非神话的版本、实践着实际存在的人生的智慧、由哲学家培养传承弟子不同，欧洲近代哲学作为救赎论，被阻碍着发展。在文化上，救赎论仍然属于信仰、启示的范畴，被从理性的范畴所放逐。哲学无法忘记基督教战胜希腊哲学的历史，单单凭借其对象的世俗化，将概念的明确化、推动作为现实世界的学问性解释的道具的"批判精神"和"科学精神"的确立、自省的论述技术的获得作为其第一要义。所以，从逻辑能力的培养角度，其被编入中等教育的科目，并以从科学哲学、法哲学、语言哲学、政治哲学到美学、伦理学的应用的形式广泛出现。近代欧洲哲学，作为"非神话"地讲述"生活方式的智慧"的实践以及人生的意义的工具仍然是脆弱的。并且，因为该外表的对立没有明确地消除，所以，即使是现在，"科学＝哲学"与"宗教"中的某一方试图让另一方从属的形式的新蒙昧主义不断地诞生出来。

"科学＝理性＝哲学"在欧洲并不足以消除人的实际存在的不安，是因为其包含了强者的理论。关于如何克服人们对于死或人生的一次性（生的不可逆性，其是死的一个形式）的不安，哲学认为如果有理性的话，可凭借自力来克服。伊壁鸠鲁认为"哲学是灵魂的医生"，已提示了四重疗法。蒙田称"哲学即是学死"，斯宾诺莎称"智者比愚者更少死亡"。对此，从奥古斯丁到帕斯卡，认为信仰需要与哲学的傲慢、虚荣相反的谦逊之"德"。作为"宗教"的方法论，既有通过仪式的疑似死的体验来让身体习惯死亡的方法，也有一心脱离在这个世界中的执着的方法论。信仰的"信"是相信和信赖的意思，魔鬼就是"分开者"，即将神和人的纽带切断、让人去怀疑者。所谓哲学，即怀疑与疑问，以及对询问进行回答的技术。这样的话，所谓神学，也许就是从疑问中找出答案的技术。

宗教的科学的开端

合理的思考与宗教的关系，因作为人的生存环境的"自然"与人的力量关系的状况而发生改变。人类的生存经常受到来自自然的威胁和作弄。对自然进行驯服、管理、说明的体系之一是泛灵论世界观或巫术思想。成为现代世界的标准的作为西洋近代由来的科学主义的起源，包括有"怎么样才能将人从巫术思想中解放出来？"这样的革命性提问。

在欧洲，有两个流派明确意识到要从巫术式思考方式中解放出来：一个是希腊的唯物主义，另一个是基督教所带来的一神教的超越主义。希腊的唯物主义认为，在有序的宇宙或自然中，存在着有城市有市民的金字塔式的等级制度。唯物主义试图发现有序世界 = 宇宙的存在的法则，去接近有序宇宙观的存在目的。这是一条反复摸索和试验的道路，建立某种假说，然后去进行验证，当其出现矛盾时，则放弃假说，建立另一种假说。人必须在自然秩序中找到存在位置。

另一方面，一神教的超越主义中，人是具有神的肖像并被赋予自由意志的个人，所以，自己存在的"目的"成为问题。人在这个意义上，是比自己自身的环境优越的存在。个人仅与超越的一神结合在一起，所以，原则上能够从所有的环境中获得自由，特别是从社会集团获得自由。这点与宇宙、自然、社会这种自上而下的金字塔式等级秩序被固定下来的希腊世界观有很大的差异。

不过，在基督教世界，因为自然、宇宙也是神的创造物，所以，其中自然应该有着调和，作为阅读理解潜在于自然中的神的语言的方法论，希腊的唯物主义被在宗教体制内保留了下来。希腊唯物主义在基督教欧洲，自然结出近代科学进步主义的果实。在希腊型智慧中，人的命运的探求在于在封闭的完结的秩序世界中如何找到自己的存在位置。与此相对，在一神教中，包围着人类的环境体系被视为神的一个计划。并且，神说让人参加该计划，并赋予其自由意志。神的计划还没有完结，人必须向该计划的完成（神的国度）而努力。在这里，进步主义登场。人通过科学之进步，不仅能够更好地理解自然，而且能够趋近于控制、管理、有效利用自然。

近代的科学进步主义，就这样成为一神教的遗产，但令人啼笑皆非的是，一边与该科学主义相联动，一边否定了其所依据的"神"的"无神论"精神也并行获得发展。不过，神主要作为支持着先验的"善"的概念之物而残存着，20世纪时"真善美"中的"真"突出出来。"科学＝真实"的公式取代了"神＝真实"的公式。原本所谓基督教的"信仰"，在于相信、信赖，在于走向不以整合性、验证假说、说明的责任为课题的"超越"。神的真实、信仰的真实与科学无关，应该与"相信神"、与世界的神的计划的参加方面的"科学性"良好地相并存。

不过，科学技术的发展与没有神的"人类中心主义"因为成为提出无神论与反教权主义的意识形态，19世纪末的天主教会等将神义论和护教当作为"反科学主义"。是对"科学＝真实"的科学信仰取代神的事实的应对的错误。

同时，将宗教作为科学对象的新的动向也在近代西洋诞生。早在帝国主义时代，因为连续"发现""未开化社会的宗教"就诞生了将"神"、"宗教"相对化的视角，18世纪的启蒙时代的实证主义则断言说宗教、神话是牧师们"编造的故事"。由于这个原因，19世纪科学至上主义中的对宗教的偏见越来越强烈。如1964年美国的心理学家亚伯拉罕·马斯洛（1908年~1970年）所看穿的那样，实证主义科学的最残酷的方面好像可以说是在于其"傲慢性"。之前属于神的"真实"成为科学研究的对象，自然研究被自然科学、人或社会的研究被人文科学所继承。法国的文艺批评家勒内·基拉尔（1923年~）指出，近代的社会科学从否定宗教开始，为无神论所支持。由于对位于人类社会体系的核心的宗教的无视，社会科学不得不发生偏向。作为新浪潮派的电影导演也是为人所知的哲学家埃德加·莫兰（1921年~）对认为神话、宗教是对神话和宗教进行利用的统治者的编造之物的18世纪启蒙思想本身进行了批判，他关注的是神话、宗教是社会的集体的心理体系一事。到了20世纪末，终于产生了来自于科学内部的对认为"科学＝真实"的"理性的神格化"的批评，人们认识到对于理性与科学，批评与自我批评两者缺一不可。

作为"人文科学"的宗教学，是因为只知道犹太教＝基督教系一神教的欧洲人在发现了"新大陆"的同时发现了其他世界的其他宗教而得以建立起来的。希腊、罗马的宗教，通过"神话"主要为文学的对象、图像学的对象，其被一边与基督教进行调和，一边被进行研究，属于过去之物。欧洲人通过进出新大陆、非洲、亚洲，"发现"了存在于同时代的多神教、泛灵论。

比较宗教学、比较神话学，与人类学、民俗学同时成形。欧洲考古学的成果也扩展了该领域的视野。但是18世纪到19世纪的宗教学，不可能与同时代的欧洲的无神论的意识形态无关联。初期的宗教学，对抗着"神学"，相对于将教义正当化的神学，其以无神论的正当化为目的被建立起来。进入20世纪，在宗教学的方法论方面，不可知论的研究方法成为原则。也许可以说，宗教学从基督教无神论阶段毕业。同时，民俗学的方法论也被引入宗教学。即"共鸣、参加"的原则。其含义是，改变传教者的宗主国视角，研究者本身要融入作为研究对象或调查对象的共同体之中，以与研究对象或调查对象相同的视角进行相同的生活。必须放弃"西洋文明"的先入之见或偏见。人们认识到，在这里，因为与意识形态式基督教无神论者相比，拥有宗教的人更容易就研究对象的宗教仪式建立类推，所以更容易形成共鸣。作为成功的例子，可以举出耶稣会士埃里克·德·罗尼对乌干达西莱所进行的人类学研究而写的《我的山羊之眼》（1996年）。在比较宗教的尝试上，"宗教间对话"的方法在异种宗教者之间也更容易实现，还可见到冥想、修行方法的共同实践等。

各种各样的方法论

建立起与现代相通的宗教学的基础的大概是米尔恰·伊利亚德（1907年~1987年）。他的目标是建立能够统括所有各式各样的宗教的学问体系。提取出人认识"神圣"、"超越"的原始体验，以其在人类社会的历史发展中如何被表现出来为研究对象。但是，其大多停留于收集世界各地的神话的百科词典的水平上，而没有余暇顾及实际上与礼仪相结合的现存的"圣典"研究以及现存宗教的分析，未能切入历史展开的多样性。其后出现的是保罗·瓦兹拉威克（1921年～2007年）那样的通过交流理论对与神圣、"超越"的相遇进行分析的方法。其称，交流中的80%有关系性，与交流的内容相比，交流的两者之间的关系性更为重要。这是人类学的马塞尔·莫斯（1872年～1950年）的赠予论等的延伸。如果关注关系性的话，作为交流的内容，与数字的相比，模拟的部分更普遍。模拟的象征性的内容被数字固定时，通过语言、文化产生了各种各样的变异。

与成为宗教出发点的"神圣"的交流，有三种类型：第一是法规、戒律、限制、禁止的启示，对此的记录被当作"神圣"之物。数字化信息内容是重要的，而禁止模拟的图像表现的伊斯兰教属于此类。第二是历史事件的启示，如基督教的耶稣诞生与死及复活的模拟表现，探索其意义成为基督教的出发点。第三是个人性的启示、内在的启示，如幻觉、神秘体验。因该启示而变化（改邪归正重新信仰）的人成为榜样，成为指导者或教祖，但神秘体验中的象征性的、模拟的内容翻译为数字时，会出现任意性或受到文化的影响。

通过贯彻不可知论立场的历史学的社会人类学的研究方法，避免意识形态化的无神论与过激的政教分离（非宗教）的是法国历史学家马塞尔·高歇（1946年～），其著作《世界的脱巫术化》（1985年）尝试了对宗教模型的构筑。他通过神（＝神圣）、社会和自然为主体的与人的关系性来表示。

让我们看一下马塞尔·高歇的该模型所表示的基督教（图1）。在这里，通过三位一体，神——人的关系既不是从属的也不是融合的，而是变为相互关系。神首先将耶稣派予人。该神——人的相互关系处于轴心位置，社会分离（皇帝之物归属皇帝＝政教分离），人对自然可以自由地行动。这是基督教的基本形态，在古代世界的秩序中，该形态的维持是困难的，遭到罗马帝国的迫害，出现了大量的殉教者。最终，发生了政治转换，形成了世俗的指导者与宗教上的指导者相并存的形态（图2）。神支配着社会，社会支配着个人，人支配着自然，神对自然的干涉稍弱。即使如此，作为基督教特征的人与神的相互关系并未完全失掉。与神有着亲密关系的神秘主义者在圣人体系中受到教会和社会双方的管理。

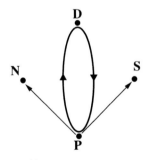

D＝神

S＝社会

N＝自然

P＝人

神与人之间有相互往来，

（这是最宽的管道）

社会与自然是人的自治领域

图1　基督教的基本形态

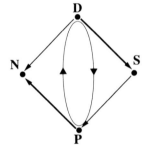

D→S　神（作为代理的教会）支配社会

D→N　也干涉自然

S→P　社会对个人加以规定，建立秩序

D→P　神与信仰者间的私人关系虽然变弱，

　　　但被保持着

图2　君士坦丁大帝以后，基督教成为世俗权力的道具之后的图式

受惠于该相互关系，基督教避免了其他宗教那样的与社会的融合、与自然的融合。基督教与社会、自然未完全融合意味着它从传统型的宗教脱离。宗教在人类社会的组织计划中未发挥模范作用。正因为这样，使无神论成为可能，使西洋近代型民主主义成为可能。大概可以说基督教会不得不放弃支配社会的君士坦丁大帝型的模式而回归原型。

通过上述分析，西洋近代的无神论与基督教的对立的含义被重新认识，带来了正是基督教的宗教模型才产生了基督教无神论的认识。

理神论与有神论

以伏尔泰为代表的启蒙思想家们所培育起来的启蒙时代的神的概念的代表为 deism（理神论），与此相对比，法语 théisme（有神论）是从 18 世纪后半期由来于英国的近代共济会运动将神称为"宇宙的设计者"的英语 theism 转换而来的。原本为无神论（athéisme）的反义概念，所以，和 deism 意思不同。理神论是出现于 17 世纪的认为"关于神的存在的认识可以通过理性来获得"的看法，其主张所谓神是类似于非人格的宇宙原理那样的东西。在这里，没有基督教教会所具体体现出来的"所启示的教义"，表现出来的是对于"超越的本质"的共同的信仰。

与此相对，有神论的神（théos）是唯一的人格神，超越于世界，但继续给世界以影响。其与那种认为神存在于自然之中所有的地方的泛神论是不同的。共济会将宇宙的普遍组织原理——"宇宙的伟大设计者"称呼为 GADLU。"手持分规的神"的形象本身从中世纪就有,这是从犹太教＝基督教的神变成叫做 GADLU 的普遍神。在 1723 年安德森宪章中被称呼为"大几何学家"、"宇宙的大钟表工",不久,被泛神论的形而上学所转用,成为启蒙的神、哲学的神。法国的共济会也成为革命的思想基础,不过,1877 年法国大东社的宪章中,新教政治家弗里德里克·迪斯蒙放弃 GADLU,置换为"人类的完成的理想"。

总之,在起源方面,有神论在承认神的人格这点上,比理神论更接近于基督教,但在从教会权威、体制产生自由的启蒙的市民运动的开端这点上与理神论拥有相同原理。在法国,deism 为拉丁语源,théisme 为希腊语源,两者只有这点区别,多被使用为同样含义。

但是,启蒙时代的思想家们虽说离开了天主教会,但神是否有人格的这一题目,构成了基督教的根本。正因为此,理神论和有神论被微妙区分使用的情况也不少。先行的 deism 因为通往无神论,已经被视作危险,所以,哲学家们采用 théisme 这个词汇,为避免被视作无神论的危险性波及 théisme,而慎重地加以区别。卢梭所提倡的"自然宗教"也被认为与有神论相接近。

理神论的神被认为在创造万物之后已经不再关心世界或人,灵魂不是不灭,启示也被否定。而有神论不仅相信神的人格,而且相信神的意志,还承认神启,相信来世的审判、报应。将其进一步非宗教化的是自然宗教。

伏尔泰、狄德罗等启蒙主义者也接受着耶稣会系的教育。伏尔泰赞美理神论，相信善良地、强有力地行使正义的"至高存在"，但不理解其赏罚机制。当然，他的《哲学词典》以宗教攻击为题目的部分被高等法院当作为禁书。狄德罗亦通过对英国伦理学家舍夫茨别利（1671年～1713年）著作的自由翻译等，批判了《圣经》、奇迹、禁欲等，论述了宗教的相对性，对无神论也敷衍性地进行了批判，虽属于泛神论，但保持了相信神的立场。

但是，仅相信神的存在的理神论逐渐变成宿命论，认为世界上的恶不可避免。理神论被形容为那种认为基督教已变得不可信但又需要神的人的躲避所。

也有从历史的时间轴角度对有神论与理神论的差别进行说明的。狄德罗的解释即是如此。所谓有神论者，即相信神的存在，对相信启示的存在有准备者；所谓理神论者，得到启示之后，理解了不再需要启示者。也就是说，有神论者是基督教之前的，或不知道基督教的人；理神论者则相当于知道基督教之后，不再相信启示者。呈现出从有神论者到基督教徒，再经过理神论者到无神论者这样一种历史的发展。这是欧洲"发现"不知道基督教的民族、面对其拯救的问题等之后的视角，令人感兴趣。

有神论与理神论的世界中，神的存在证明已经不是其题目。

因为这被认为是只对"已经相信的人"有价值。神的存在的宇宙论式证明由于预先调和的自然观的崩溃而被破坏（译者注：按照莱布尼茨的理论，宇宙是由相互独立的单子组成，宇宙处于统一的秩序状态，是被神如单子间产生调和关系那样预先确定下来的），逻辑的证明也由于休谟的经验主义、康德的批判主义而变得无效。

有神论和理神论包含着不以神为正当化道具的更"高级"的理想主义。基督教徒只是为了自己的利己主义而利用着神，正因为神的存在不明确，人的道德才有价值。通过纯粹理性无法验证的神，通过实践理性的话，也能够按照伦理的要求来对其把握。

哲学家们之所以留下"神"，如卢梭所述的那样，也是作为权宜办法，以便使平和的人们的心不被怀疑所迷惑，使单纯的人们的信仰不被威胁。一旦社会变得不稳定，整体开始动摇时，就会选择"哪怕去掉枝叶，也必须保存主干"这样的话，对他们来说，所谓枝叶就是天主教会的教义或典礼，主干就是神，自然宗教或有神论就是"保存主干"的尝试。

其后，在法国大革命后的 19 世纪，天主教会恢复了公教要理，司汤达（1783 年～ 1842 年）对公教要理宣讲的"神秘"依然在世间通行一事进行了揶揄，他形容道："树的根都被嘲笑的斧子割断了，但枝依然茂盛。"

是要抓住主干还是放倒主干，是去掉枝叶还是让枝叶茂盛，这个问题在现代也没有解决。法国大革命以有神论为主干。有神论指"普遍宗教"的尝试。在这个意义上，处于作为普遍宗教的基督教系列，法兰西共和国现在也没有放弃普救说理念这个主干。有神论这个主干，一度看起来似乎被无神论这个斧头所砍倒，但因被政教分离这个树皮所覆盖而复活。它在今天仍然抵抗着重视枝叶的多种多样的社群主义。

政教分离先进国家、"天主教会的长女"

2007 年 12 月 20 日法国总统萨科齐在梵蒂冈会见了罗马教皇，被任命为拉特兰圣约翰大教堂名誉参事。这已经成为 16 世纪末的亨利四世（其本人从新教改宗天主教，结束了宗教战争）以来一直延续的法国元首的特权。很久以前，5 世纪末时，在日耳曼民族的宗教与基督教阿里乌教派势力强大的欧洲，法兰克王国的克洛维首次接受天主教的洗礼，被称为"教会的独生子"，法国则被称为"罗马天主教会的长女"。

另外，与天主教有着如此深厚渊源的法国，继 18 世纪启蒙主义之后的法国革命的传统，早早就发展了政教分离的概念，1905 年确立了将政治、教育公共空间完全非宗教化的政教分离的立场。政教分离不单单是一个原则，在法国，它成为甚至可以被称为"另一个宗教"的重要的理念。

据政教分离的原则所进行的公共空间的世俗化与家庭、小教区的宗教教育的"分工"在长时期内保持着平衡，但由于 1968 年 5 月革命，发生了相当于日本出生高峰那一代的青年们大规模离开宗教的情况。同时，由于 20 世纪 60 年代的殖民地独立运动，来自阿尔及利亚、突尼斯等旧殖民地国家的移民大量涌入法国，法国的穆斯林社群获得发展，大大改变了法国的宗教情况。

其后，由于冷战后迅速发展的全球化、南北差距的扩大等导致了伊斯兰原教旨主义的抬头，法国内部的紧张状态加剧。对当时学校内女生禁止穿戴穆斯林头巾等为遵守政教分离而采取的措施，人们记忆犹新。

现在的法国的宗教分布

在 1968 年之后脱离教会情况进一步加剧的法国，据统计，现在天主教徒的人口仍然占三分之一。但是 1960 年时大约有 3 成到 4 成的人口每周日参加弥撒，现在该数字只有 1 成，几乎都是洗礼、结婚式、葬仪、圣诞节、复活节等"仪式"天主教徒。由于神职志愿者数量也在减少（牧师神职授任者一年大约有 100 人）以及牧师高龄化，1980 年数量为 38000 个的小教区处于被合并的趋势之中，到 2002 年减半为 19000 个。接受幼儿洗礼的儿童数量也在减少，但天主教的葬仪和埋葬变得盛行。

牧师减少的同时，另一方面，助祭的数量则增加，由信仰者所组成的各种各样的组织也变得活跃。致力于贫困等社会问题的天主教救济会（Le Secours Catholique）组织在法国全境有 4000 个以上的据点〔在日本为日本明爱会（Caritas Japan）〕，有 65000 人以上的志愿者参加活动。19 世纪以来的基督教社会主义传统也在维系着。

学校教育以公立为主流，私立学校的 95% 为天主教系，而中等教育的 20% 为天主教系统学校。其多数是与教育部有协定，在参加国家的认证考试（高中毕业文凭考试）后可接受高等公立教育。

新教人口约为 100 万人，其中人数超过半数的传统的路德派和改革派教会多集中东北部和塞文。最近的特征是，由于经由美国的福音派和圣灵降临派的抬头，以城市地区为中心，存在着 1700 个以上的教堂。福音派有 35 万人，其中 95% 为定期到教会参加活动的信徒，所以影响不小。

天主教的自由主义派与传统的新教在反基督教主义运动（超教派的教会一致促进运动）中推动对话而共存，但福音派存在原教旨主义化的倾向。相反，天主教的传统派与因为 2007 年本笃十六世承认了拉丁语弥撒而再度统一的右派（圣彼得兄弟会、圣庇护十世兄弟会）一起，期待着与主张禁止堕胎、同性恋等，伦理意识相接近的福音派相和解。

犹太人的社群有 50 万人到 60 万人，在欧洲其数量突出，集中于巴黎、里昂、波尔多等城市地区。20 世纪 60 年代以后从北非迁移过来的犹太人增多。他们中的多数与穆斯林移民一样，存在着高失业率、犹太人街区化等问题。与非犹太人结婚也在增多，迁移到以色列者也每年达 2000 人。

穆斯林社群除了来自阿尔及利亚、突尼斯、摩洛哥以外，来自土耳其、西非的移民也在增加。穆斯林有 500 万人，成为法国第二大宗教，其中三分之二拥有法国国籍。穆斯林人口的半数为 30 岁以下的年轻人，这也是其特征。

佛教徒社群则形成于第二次世界大战之后，60 万人的佛教人口中的四分之三为亚裔，其中以中国人以及东南亚出身者为多。小乘佛教以老挝和柬埔寨流亡者社群为主。佛教徒的四分之一为基督教出身的法国人，他们学习日本的禅宗或藏传佛教。犹太人也有不少接受佛教，由穆斯林转为佛教徒中无男子，转变信仰的少数女性受到穆斯林社群的深深的疏远。

在法国，基督教有强烈的成见认为"佛教不是宗教而是哲学"，伊斯兰教则认为"佛教是无神论"。因此，与基督教社群中不少知识阶层同时又进出于佛教中心相比，伊斯兰教与佛教间并没有接触点。

无神论者和无宗教者在增加，达到全体的 22%，而在巴黎及其近郊则接近于 30%。其三分之一以上为不满 35 岁的年轻一代，政治上则属极左和共产党为中心的左派。一般随学历增高而其比例增加。

据 1999 年的统计，针对"你相信神吗"这个提问回答"是"的人为 56%，回答"不"的人为 35%。与宗派无关，回答称自己为宗教者的人占 44%，回答为非宗教者的人占 37%，回答称自己为积极的无神论者的人占 14%。

无神论者中，有着很多与传统的对社会影响很大的天主教会进行着斗争的运动家，与所谓的"对宗教不关心"的人相反，一般为对宗教非常关心的人。但是，他们之中，也存在两种类型，即主张非基督教化的普遍价值的理念的"近代"型的人，与彻底的相对主义与虚无主义的"后现代"型的人。

无神论者为法国政教分离的非宗教运动的担当者，但政教分离活动家未必都是无神论者。因为政教分离是禁止国家对特定宗教进行保护，禁止将宗教色彩带入公共场所，同时又相反地认为，要保证人能够自由平等地进行所有的宗教行为。引入政教分离的20世纪初期，主要着眼点是公共场合的非宗教化（实际是排斥天主教），但今天，人们不管其自身是否有信仰，在"诸宗教的平等"、"信教的自由"、"政教分离"这三点上达成了一致。

朝圣热潮

法国的一个特征可以说是朝圣很盛行。从作为观光地在世界也很有名的圣米歇尔山的修道院、巴黎的巴黎圣母院和圣心堂、沙特尔大教堂到布列塔尼的Sainte Anne d'Auray、勒皮的黑圣母信仰、圣女特蕾萨的诺曼底的丽雪，进而，近代之后发端于1830年巴黎巴克大街的仁爱修女会的"圣母显圣"的新朝圣地也不断诞生。巴克大街的不可思议的显灵圣牌圣堂，每年有来自全世界的200万朝圣者到访，位于诺曼底与布列塔尼的交界的蓬曼、阿尔卑斯山的萨勒特，也不断有朝圣者到访。

有代表性的为比利牛斯地区的卢尔德，这里的圣母显圣洞窟和"神奇之泉"，每年有来自世界各地的600万的朝圣者或志愿者到访。2008年为显圣的150周年，出现了朝圣热朝。虽然由于生态学热、徒步热的高涨，去教会的人减少了，但朝圣很有人气。据说每年，每 4 个法国人就有 1 人走上朝圣之路。尽管无神论、无宗教者增加，尽管政教分离经常成为议论的对象，但人们的信仰之心仍然以各种形式残存，并被继承。

政教分离与无神论

欧洲的无神论与无宗教

原本无宗教（译者注：无宗教指不信仰特定的宗教，以及那种没有信仰的思想或立场）或无神论是在基督教欧洲这个脉络下才成立的词汇。人类形成共同体进行生活的场景中，无论在何处，围绕着诞生、死亡的礼仪，以及以祈愿在面对外敌、自然灾害时守护自己、稳定地供给食物为目的的地方宗教，成为社会的一部分。所以，即使对于动摇该秩序的人或行为，会以无信仰之心或冒渎等词汇加以制裁，但不存在诸如无宗教或无神论等的立场或标签。

《旧约圣经》中所说的摩西带来的十诫中，包括不可有别的神、不可制作、跪拜、侍奉偶像、不可妄称主之名等等的"告诫"（《出埃及记》第20章第4～7节），但无神论的确没被预料到，十诫中并没有禁戒无神论的内容。

所谓无神论，在它以最过激的含义被展开的19世纪到20世纪的欧洲，它是指对以基督教为基础的既成权力结构展开对抗运动的意识形态。进入21世纪的现在的欧洲，"无神论"这个词汇的微妙含义当然发生了很大变化。同时，"无宗教"这个词汇的微妙含义也发生着变化。

关于无神论，它已经不再是好战的词汇，这点变化最大。无神论从基督教那里分化时，其货真价实地是为一种意识形态。当然，倡导无神论者，也是提出意识形态的政治运动家，在这个意义上，它也是非"普通的庶民"的一种精英分子。正如帕斯卡谨慎地嘟囔道："无神论哪怕单单只做到某种程度，也是精神的力量的标志。"

基督教无神论与政教分离

西洋近代式的政教分离，大概可以说其原本是基督教思想的产物。生活于罗马法支配下的世界的耶稣，留下了"皇帝的物当归给皇帝"（《马太福音》第 22 章第 21 节）这句名言，就对神的义务与对政治统治者的纳税的义务进行了区分。实际上，统治着犹太的罗马帝国，在纳税义务之外，也承认了犹太人拥有自己的宗教礼仪，对其兵役也给予了免除等等，对宗教多样性给予了宽大。对于犹太教而言，大卫王和所罗门王时期那样的圣俗权力一致的体制的时代已经成为过去。继耶稣之后巩固基督教思想基础的犹太系罗马公民保罗也同样劝诱说，基督教徒不要去组织那种为罗马所禁止的封闭性的教派，要融入地域的共同体之中履行地域的义务。对皇帝述说基督教护教言论时，也不是去宣传基督教的正确性，而是去呼吁"信教的自由"。初期的基督教徒之所以被攻击为无神论，是因为他们拒绝对其他的神的礼拜，脱离了迄今为止与特定的共同体的利害结合在一起的神的概念，提倡个人的普遍的得救这样一个立足于脱文化的脉络的宗教的缘故。

4 世纪基督教成为罗马帝国的国教之后，权力与宗教一致的时代开始，相反，人们失去了对基督教以外的"异教"的信仰自由。并且，8世纪获得法兰克国王不平所捐赠的领地的罗马教会本身成为封建领主，与世俗的国王们展开了权力游戏。罗马教会的基督教不仅未脱离文化，反而成为西欧文化的血肉。

即便如此，哪怕是完全成为御用宗教、护国宗教的西欧基督教，其内在的"无神论"和"政教分离"两者也并未消失。

基督教在其初期被视为无神论，是因为其否定律法和仪式至上主义，将得救的条件仅规定为个人的"信"。这也等于是对作为古代世界标准环境的巫术的迷信的世界观的否定。在这一意义上，其属于继承了希腊理智主义（尊重理智、理性的思想立场），后来的西洋近代科学主义诞生于基督教世界并非偶然。

但是，西欧的天主教世界，从历史角度上并没有继续保持基督教的非巫术的强韧性。其通过各种圣人信仰的形式积极地折中调和欧洲各地的异教，通过针对对圣人的圣遗骨等的崇拜以期待"神奇的治愈"等进行管理来充分回应民众的巫术心理。通过各种圣人的形象以及将耶稣基督定义为"成为人的神"，使得受难与复活的故事也以画像的形式广泛传播。通过与权力相结合，华丽的典礼也发展起来，偶像崇拜的心理也被姑息保留。

虽然如此，基督教仍然未失掉作为其核心的"无神论"，这有几个理由：

首先，事实上，基督教原本就是与遵守律法的犹太教决裂，否定了重视典礼和仪式，供物的罗马帝国诸神并离开了斯多葛派的理性至上主义的"信"的宗教。在这里，出发点不是形式，不是利益，也不是道理，而是无条件地相信耶稣基督的拯救与永恒的生命。正因为此，在基督教，是否尊重礼拜或生活上的形式、其说明是否能令人信服并不成为问题，问题在于内心是否"相信"。因为其原本就不是以理性能够证明之物，所以经常被"信"所拷问，因为这个缘故，不相信就关联到对宗教归属本身的否定，并能够发展成为对处于核心的神的否定。

并且，基督教一边作为"信"的宗教，同时并没有放弃希腊以来的经院哲学的理性主义。虽然斯多葛派哲学的科学的、逻辑的方法论，为追寻"信"本身而被封印，但作为解释圣典或完善世界观的细节的道具而被保留了下来。斯多葛派哲学虽然被限定为宗教内经院哲学，但是其理性主义，在不久后，招致了对于作为宗教的基督教而言的类似于自我免疫疾病的症状。本该为收揽人心的权宜之计的奇迹故事以及残留有浓厚的异教色彩的习俗等，被理智主义从内部一点点摧毁。原本基督教所具有的"反迷信、脱巫术"要素与在内部被继承的希腊理智主义，推动了对偶像崇拜的否定，在"无神论"的名义下被认识。

使基督教中的无神论表面化的另一个要素是基督教中自然与神的关系。在"神"的概念是以自然现象、景观或自然物为基础而成立的宗教中，神的存在当然是牢固的。因为只要自然的存在是不言自明的，神也就不证自明地继续存在。不过，基督教的神基本上是由来于犹太教的眼睛看不到的神，即使是万物的创造神，万物的结构、自然的法则也并非是不由启示而记在《圣经》上。在这里，诞生了将由来于斯多葛派哲学的理性适用于阐明自然法则的"自然哲学"之传统。因为这与基督教原本就具有的"反迷信、脱巫术"的要素相一致，所以能够成为西洋近代的科学之摇篮。不久，通过科学说明世界的方法的发展超越了神学，通往了近代的无神论。

基督教成立于罗马法发达的世界，也就是说，作为本来的形式其与社会并未融合，因此，具有了后来的政教分离的萌芽，由于其未以自然为基础、未与自然相融合，因而孕育了将自然研究与信仰相分离的无神论。

法国的无神论与政教分离

这样，内含于基督教的无神论与政教分离这两个要素，一点点地准备了欧洲的启蒙时代，诞生出近代欧洲这个果实。这两者最有特征性地融合起来的是法国的政教分离这个概念。无神论在欧洲稳健地增加着，但法国无神论的特征在于，作为政治意识形态的无神论，将政教分离这个人工的非宗教的空间"体制化"。

从统计来看，法国无神论者也多。在其他的欧洲地区，自认无神论者的数量仅次于法国的是比利时和荷兰，其直接继承了人文主义的传统，接着是继承了社会民主主义传统的斯堪的纳维亚诸国，构成反佛朗哥派核心的西班牙，继承了无产阶级农民传统的原东德等等。在其他的东欧诸国，即使在无神论的共产主义政权之下，无神论者的比率也低。

此外，还有"无宗教"这个范畴，过去存在着"无宗教＝无神论"的等式，但现在回答为"无宗教"的人之中同时为无神论者的人仅占四分之一。据欧洲九国的统计，1981 年回答为"无宗教"者为 15%，21 世纪时增加为 25%。

即使如此，在法国，无神论能够成为比无宗教更积极的思想工具，大概是因为在长时间里"天主教会与无神论"较量、战斗的思考训练，成为对法西斯主义的预防。法国革命的共和理念，并非是民族主义，而是将自由平等博爱作为人类共同理想而提出的普遍性之物，其可以说是对作为普遍宗教的基督教理念的非宗教化。所谓无神论，是基督教被非宗教化的同时，自由、人权、民主主义等"近代社会"的普遍标准被反复提炼过程中所形成的思想。

成为罗马帝国国教以后的欧洲天主教会，在其历史的发展过程中，出现了如多神教化、礼仪化、与"人权"相比更拥护"神权"的确立等返祖现象。建立在作为基督教根本的"人的自由意志"基础之上的信教自由这个概念，不仅被忘记，而且事实上被定罪。对此提出异议并试图恢复基督教中的个人信仰自由的是 16 世纪以来新教所进行的宗教改革运动。在法国那样绝对王权与罗马间保持一定距离、与天主教会拥有共同利害的国家，该新教改革停留于少数派。也许正因为新教的自由之路被阻塞，在法国对"自由"的追求带有浓厚的无神论色彩，并导致 1789 年共和国资产阶级革命。

正因为此，革命初期，通过让神职者中断与罗马教会的关系、强迫其还俗或结婚等等，彻底的反天主教政策进一步深入。在《人权宣言》中，信教的自由并没有通过肯定条文表现出来，而是采取了"任何人都不得因信教的意见而遭受干涉"（第十条）这样的否定条文的形式。拿破仑与罗马教皇庇护七世（1800 年～ 1823 年在位）签订政教协议时，也以赋予新教、犹太教以正式地位为条件，由此我们可以知道哪怕在共和国的无神论土壤之中，"信教的自由"也经常被意识到。

法国革命之后，经过了恐怖政治时期、拿破仑战争时期、王权复辟以及进一步革命等，到法国 1905 年通过《政教分离法》，期间，国家政治与天主教会间呈现各种各样的战略策略交涉。之后又经过一个世纪，法国的天主教会终于诞生出自然的政教分离空间。天主教现在倒可以称为积极的共和主义者、政教分离的支持者。

1905 年时，法国的天主教会已经不再对"信教的自由"持有异议。天主教会已经不指望成为可以依靠政治权力强制信仰的国教。这时的天主教会倒不如说其支持着保证"信教的自由"的政教分离。对于天主教会而言的政教分离，与无神论正相反，是"保证个人的信教自由之物"，它让人回忆起在罗马帝国被指责为"无神论"而遭到迫害的基督教徒主张信教自由的时代。

原本在绝对王权时代，为了牵制罗马教皇的绝对权力，法国国内的加利刚教会（译者注：中世纪以来所使用的法国天主教会的别称）也有着保持着一定的自主性的历史，法国的天主教会即使在现在它自由主义势力也不小。不过，法国国内（阿尔萨斯等一部分地区除外）的 1905 年以前所建成的天主教会设施，即使在今天，也是国家或自治体的所有物。所有的宗教设施被没收之后，1905 年给予了宗教团体以"宗教法人 = 宗教协会（Association cultuelle）"的身份，并将设施归还。新教教会和犹太教对此进行了接受，教会或犹太教堂的建筑物被归还，但天主教会在最初就给予了拒绝，这对国家而言是出乎意料的事情。因为这个原因，所有天主教会的建筑物都被置于国家或地方自治体的管辖之下，结果使得天主教会与法国间的特别关系一直保留到今天。

于 1905 年促成法国的政教分离，有两个方面含义。首先，国家不正式承认任何宗教。公共空间被非宗教化，这是法国革命以来，公共教育被普及、师范学校或教育机关由国家管理、如牧师一样培养教师所象征的共和主义的要点。国家不给任何宗教以补助金或特权。所谓宗教，被定位为私人空间的私人行为。这可以说是为舍弃之前一直支持教育、医院、保育设施等社会基础设施的天主教会而采取的"无神论"措施，是对宗教否定的一面。

另一个方面，是作为在"信教的自由"原则之下变得积极推进政教分离的天主教对国家不仅要作为私人领域，而且要作为社会性表现的自由对"信教的自由"进行保护进行强调的成果的、"宗教的名义下集会的自由"这个拥护宗教的一面。也就是说，国家不仅对个人的内心的信教的自由，而且对防止信徒集会参加礼拜的自由遭到侵害负有监视的义务。

该点继续发挥着作用。例如，当无神论左派意识形态的自治体，禁止宗教团体在自治体所举办的节日上贩卖《圣经》、禁止在街区的文化馆举办"不同宗教间对话"活动时，宗教团体一方可以诉诸政教分离法，主张在公共空间的宗教表现的自由。在不是标榜盎格鲁撒克逊风格的共同体主义，而是标榜自上而下的普遍主义的法国社会，经常出现在无神论的政教分离名义下对宗教活动进行限制的倾向于极权主义的做得过火的危险。对该风险进行管理也是对政教分离所期待的作用。

上述政教分离的两面性，却不得不在数十年后面对新的问题，即 1905 年法成立的时点所没有预料到的与伊斯兰教间的关系。北非的伊斯兰教旧殖民地国家在 20 世纪 60 年代独立，大量移民流入法国。伊斯兰教与在存在罗马法的世界中发展起来的基督教不同，其属于同时对法律体系也进行完善的宗教，所以在传统上无政教分离的概念。作为穆斯林与作为国民两者发生重叠，所以无神论意识形态也不成立。

这样的伊斯兰教国家的移民开始大量在法国生活时，法国的政教分离空间已经完成了宗教与无神论的意识形态的对立，得到了洗练。正当在无宗教的普遍主义上所达成的一致维持着一定的平衡之际，出现了以移民为中心的穆斯林的增加情况。当然，伊斯兰教系移民的生活带给法国一种不调和的感觉。此外还有经济差距以及对社会少数派的歧视。即便如此，多数第一代移民，得益于法国所提供的教育机会均等与不问出身的共和普遍主义，作为共和国公民而被"统合（接纳）"。因为经过两次大战而荒废的国土需要大量的劳动力，经济复兴也使移民成为必要。

但是，在 20 世纪最后 10 年，社会主义阵营发生巨变，冷战结束，世界迈入新自由主义时代，南北差距越来越扩大。冷战时期所见不到的经济不平衡的扩大，使得"文明的冲突"形式的争执趋于表面化。并且，令人讽刺的是，作为新自由主义经济领袖的巨大的美利坚合众国，增加了基督教言论。受其影响，作为抵抗的意识形态，打出强烈的伊斯兰教色彩的原教旨主义运动，也吸引了法国国内的穆斯林移民的子弟。

作为意识形态打出伊斯兰教旗号的少数原教旨主义者，最大限度地利用了政教分离下的宗教活动的自由，其与共和国的普遍主义之间开始发生冲突。在共和国的普遍主义方面，与盎格鲁撒克逊国家的社群主义不同，自由平等博爱等普遍理念被优先于特定的社群的传统或价值。也就是说，在某个共同体的传统或习惯中感到基本的人权遭到侵害的个人向国家申诉时，国家会介入该共同体进行干涉，必要时会保护个人的权利。

对被看作违反男女平等理念的、一部分穆斯林女性受到强制要求的关于穆斯林头巾等服装规定成为问题一事，大家一定记忆犹新。出现了诸如受伊斯兰原教旨主义影响的一部分女子高中生用头巾覆盖头发上公立中学上学，拒绝参加体育课，拒绝阅读伏尔泰等启蒙思想家的书籍等的动向。因为光禁止穆斯林头巾会构成对少数派的歧视，所以，2004 年法国禁止了中等教育场所的所有的宗教象征，之前未被当作问题的基督教十字架饰品等也成为受到禁止的对象。对此，从其他欧洲诸国并非没有过出现诸如上述行为是侵害了宗教自由的过火行为，是"负面的政教分离"等的批判声音。但是，占据了多数的共和主义的稳健派穆斯林对法国的政教分离原则给予了支持。

与此相反，像德国那样的国家，也有其原本为邦联国家、地方分权严重的缘故，对数量众多的土耳其移民家庭限制女子学生在公立学校的活动、强制性要求穿戴头巾等未能采取有效的对策。如果考虑到土耳其本国属于引入了法国式政教分离原则的为数不多的国家之一一事，这实为令人讽刺的现象。

德国的新教，因其在传统上拒绝天主教会的强权、重视个人的内心的信仰，所以承认将信仰纳入私人空间。因为路德承认两个王国（神的王国和世俗的王国），并表达了服从世俗的政治权力与信仰不相矛盾的态度，所以其对托马斯·闵采尔派的农民起义等未能支持一事受到了批评。也许这就是4个世纪以后纳粹主义兴起时，路德派教会采取比德国天主教会更加迎合的态度的远因。

法国的政教分离是遵循天主教会的普遍主义传统的政教分离。正确地说，不管愿意不愿意，它都是遵循天主教教会与天主教文化所培育的无神论的政教分离。正因为此，法国的天主教会承认和进化了共和主义，与包含无神论者在内的共和主义者一起为政教分离方面的拥护人权而共同斗争。因为这个缘故，政教分离本身也发生了进化。例如，在2004年那个时候，对中等教育场所的宗教象征的禁止法，实质上是以穆斯林头巾为对象的法律，基督教并未受到打击。无神论者们为了赢得政教分离法而进行着斗争时期的法国社会，确实是以天主教会为公共空间的标准环境。公立学校驱逐宗教、宗教者被从教育机关驱逐的时代，几乎所有的孩子都接受了洗礼，学习公教要理课程，而其家庭则到教区参加每周日举行的弥撒。不过，从那之后仅仅过了一个世纪，政教分离就作为连法国天主教会也给予积极支持的共和国理念的象征在法国社会扎根，而盎格鲁撒克逊社会的社群主义也未被采用，法国的公共空间的默认之物现在完全变为"普遍主义"之名的无宗教。

这是法国的政教分离与美国等的巨大不同之处，但因为会有美国也是与法国革命同一时代经历了作为"近代资产阶级革命"的独立战争而进行政教分离的国家的错觉，所以，乍一看是难以明白的。

法国的政教分离与美国的政教分离的巨大不同大概在于，前者公共空间默认的是"无宗教"，与此相反，后者默认的大概则是"宗教性的"。进一步具体而言，法国的政教分离中默认的是神不在或看不见，而在美国，神在是默认值。

美国的政教分离

在美国的公共空间中存在着神是明确的，美元纸币上印刷着"IN GOD WE TRUST"短句自不用说，被军队或学校所歌唱的美国事实上的第二国歌"God Bless America"，以及海湾战争中焕发斗志、美国总统就职演说中都必然会出现"god"这一词汇，甚至9·11恐怖袭击后纽约所派发的小册子也尝试进行"上帝为什么不干涉恐怖活动"的相关说明。God 也可以说是国家的关键词汇。当然，因为美国是一个标榜移民熔炉社会的社群主义的国家，最初的新教的清教徒信奉的建国的"神"的微妙含义在表面上被缓和，2009 年奥巴马总统就职演说中称："我们是基督教徒、穆斯林、犹太教徒、印度教徒以及无宗教者（non-believers）的国家。"有人评价说奥巴马是历代大总统中首次将"无宗教"列入其内的人，但相反也有人批评说其难道不是轻视了未列举的佛教等所有其他宗教吗？在欧美，一般会因为佛教中没有"神"，而多将其视为无神论或处世术或哲学，也许这时因此才将佛教"排挤了出来"，但不管怎么说，现在美国公共空间的标准环境，即使并非是一神教的"万物的造物主"而是"诸神"，但总之是存在着从外部祝福着美国的"神"的空间。也许这是受到美国"建国之父"们的祖国——英国的影响的结果。在英国也存在着"国"教会，女王是其首长，人们唱诵"神佑女王（God Save the Queen）"。英国教会的国教化的进行经历了 16 世纪与天主教会的争执的历史，因此，在长时间里，存在着诸如非国教徒不能就任公职等的宗教歧视。但是，现在与美国的"神"同样，至少在表面上，与实际的信仰共同体或个人的信条无关，神或国教会作为行政上的工具发挥着机能。

在盎格鲁撒克逊国家，因其社群主义的缘故，游说活动很发达，所以，宗教团体的存在感很强。在美国，福音派等保守的新教徒的影响力变大，是在水门事件之后。1961 年美国历史上头一位天主教总统肯尼迪强化了政教分离，因为有必要去证明自己的信仰未受到罗马教会的中央集权的影响。十字架、《圣经》从公立学校的教室消失也是在肯尼迪时期。但是，水门事件以来，总统候选人为了强调自己的清廉洁白而再次提到"神"。奥巴马总统如先知一样受到了宗教狂热的支持而登场。

政教分离的新问题

不过，法国的政教分离也在 2007 年以来发生着微妙变化。密特朗时期（1981 年～1995 年）、希拉克时期（1995 年～2007 年）的法国，面对从信教者人数上成为法国第二大宗教的伊斯兰教的兴起，试图维持无宗教的政教分离标准环境。"禁止将宗教象征带入教育现场"的规定也是其表现。但是，接近美国的新自由主义者萨科齐总统，开始在公共场所提及"神"这个词汇。共和国总统是法国的象征，也是政教分离的象征。在政教分离变为无宗教时，无论是为了与盎格鲁撒克逊国家之间的差异化，还是为了拥护普遍主义，对于历代总统来说"神"成为避讳的词汇，但是，萨科齐总统像是在迎合各种宗教，将神放在嘴边，并且，发言称在教育方面宗教人士可能发挥世俗的教育者所不能发挥的作用，所以，其被批评为侵害了法国革命以来作为无宗教的政教分离的神圣领域的公共教育。

尽管如此，法国的政教分离，有着既没有放弃传统宗教，也没有与其相勾结，而是想办法保持着这种平衡，并取得显著效果的领域。这就是对极端宗教团体的对策。从 20 世纪 80 年代就已经决定设立超越部级的极端宗教团体对策委员会，在今天仍然每月两次召开由 15 名常任委员参加的例会。如果有来自极端宗教团体受害者的投诉，就会去现场进行调查，就成员受到精神控制的可能性，以及其他的违法性进行调查，对需要注意的团体进行持续监督。因为尊重信教的自由和结社的自由，所以不会去检查其说教的内容等。以对活动的不合法性的揭露与对基本人权或未成年的保护为中心，只要无违法性，就不禁止危险的极端宗教团体，但会通过公开信息来督促注意。对那种只认为自己是正确的排他性团体，则禁止其在因没有自由意志的判断力或因判断力低而容易成为其宣传对象的弱者所在场所的周边，如医院、学校、老年人设施等进行劝诱活动。

虽然不禁止，但将其团体判断为拥有极端性的标准是，例如，以将所有的人变成信徒为目的或相反宣传只有精英者才能获得拯救的宗教等。因为这些违反了信教的自由、民主主义以及平等的理念。

该法国独特的政府机构的存在，在今天也构成为对极端宗教团体受害者进行帮助的有效力量，连欧洲其他国家也对此表示了敬意。与美国等社群主义国家中在宗教之名义下强大的极端宗教团体可以进行游说活动的情况相比较的话，就可以清楚法国采取的做法是立足于普遍主义与政教分离之上的牢靠做法。与宗教蒙昧主义、极权主义进行着斗争的长期的无神论历史，以及一边与该无神论相对抗一边作为共和国的监察者进化着的天主教会的智慧，是建设性地发挥机能的例子。

与对极端宗教团体的对策以及天主教的普遍主义有着深刻关系的是，基督教的"自由意志"概念与关系。如最初的人在伊甸园偷吃了禁果那样，万物的造物主赋予人以"自由意志"，并试图建立一种呼唤与应答的对等关系。人能够行使自由意志这一点，是"对神的模仿"。在欧洲历史的中途"一人独胜"的天主教会，在神学上的态度姑且不论，其对"自由意志"则是置之不理，不给信徒以选择的余地。但是，生存于今天的多样性的世界中天主教会明确指出，是否对神的呼唤进行回应，与个人的自由选择相关。

法国的政教分离在处理人的问题时，也使用了该作为基督教文化遗产的自由意志的概念。所谓的人，是"灵魂"与"肉体"、"自由意志"的复合体。其中，"灵魂"的部分，国家不干预。无论是谁，都可以去相信喜欢的神，从事喜欢的宗教活动，可以在心里描绘其所喜欢的死后的世界，也可以去否定神。对"肉体"则进行干预。因为健康生存的权利是基本的人权，即便是宗教也不能侵入。在某极端宗教团体禁止儿童接受法定疫苗、禁止作为医疗行为的输血时会进行介入。因为未成年人被认为不具备"以自由意志进行选择"的能力。所谓"自由意志"，指对自己的行为，以自己的力量进行判断、选择的自由意志的行使，这也被视为不能侵犯之物。当其在宗教的名义下被侵犯时，国家可以介入。通过软禁或绝食状态下的暗示等有意识地引起的非日常意识状态下的精神控制以及对未成年者、老龄者、身心弱者、灾害受害者的劝诱等成为国家介入对象。成为法律对象的人身保护权的想法是在 17 世纪产生的，是之前支配信徒完整人格的宗教和世俗的法律的对抗中诞生的。像极端宗教团体问题那样的，在信教的自由与精神控制之间难以划定界限的领域，通过对此进行明确化，会有助于更容易地防止对策的不足或过剩。

日本的政教分离与极端宗教团体的问题

一般社会中，无宗教成为标准环境，政治家不会谈论信仰之心，在这一点上，日本乍一看与法国相似。它也不属于美国那种移民熔炉国家。但是，在明治时期传统佛教的基础崩溃，第二次世界大战后国家神道也被否定的日本，传统宗教对极端宗教团体的制止力量弱小，"无宗教氛围"直接处于被剥夺了对极端宗教团体的警戒与免疫力的状态，在对极端宗教团体的受害者的帮助方面无论是公共预防还是相关对策都滞后。所有都不过是头疼医头脚疼医脚的疗法，而基于理念的技巧，则既不存在也无积累。日本的"无宗教"是没有无神论的无宗教，日本的政教分离也非属经过内部的斗争反复摸索获得的。实际上只是移植了宗教色彩强烈的美国的异质的政教分离以及民主主义的"框架"，但面对全球化世界中产生不均衡的病理或危机时，则仍然是脆弱的。

法国在多神教文化中展开了一神教，有着打着无神论的旗帜与偶像崇拜、宗教蒙昧主义进行长期斗争的历史。也许正因为法国有着为无神论所锤炼的政教分离，所以并没有追随以突出的军事实力为背景、将自己的守护之"神"公开挂在嘴边的美国，也没有徒然地恐惧以神的名义发起"圣战"的原教旨主义恐怖分子，而是坚守着独自的立场。为了能够超越地球规模的"文明的冲突"危机，我们期待着从包含着正与负的辩证法的法国政教分离中诞生出有效的普遍主义的解决方法。

法国革命与无神论

法国革命与理神论

提到法国革命，其可以说是象征着西洋近代的事件，带有着与其后的法兰西共和国的政教分离概念的世俗主义相关联的反宗教的印象。实际上，让神职者背叛罗马教会，没收教会或修道院财产，废除教会历法而使用革命历法，以及 1801 年拿破仑与教皇庇护七世间签订政教条约，可以说，使得法国革命以前的旧体制下的作为权力与特权阶级象征的天主教会一度受到了毁灭性的打击。

成为罗马帝国国教以来，不管怎么样，天主教构成为欧洲文明的根本，但从 1790 年到 1800 年的 10 年间，在法国，无神论与理神论拥有了超过天主教的力量，并且在其后波及欧洲其他国家。这与先行于法国革命、被称为近代资产阶级革命的美国独立战争将其一个立足点放在了基督教的清教，在其后即使经过 200 年以上历史也没有放弃"神"有着根本的不同。

那么，理神论是什么呢？它是基督教走向基督教无神论的一个阶段，也可以说是基督教无神论的另一个版本。它是 17 世纪出现的认为"关于神的存在的认识能够通过理性来获得"的看法。所谓神，并非人格，而是类似于宇宙原理那样的事物。在这里，没有基督教教会所体现的那样的"启示的教义"，表现出来的是对"超越的本质"

的共同的信仰。

但是，以伏尔泰为代表的启蒙思想家们所培育的、为法国革命做出潜在准备的理神论的萌芽，实际上可上溯到文艺复兴时期。因为理神论正是成为欧洲基础的"基督教之物"与在罗马时代被基督教所代替的"斯多葛派哲学之物"的杂交产物。两者的共同点是"普遍主义"。

至高存在的祭典

基督教虽然是从作为民族宗教的犹太教世界中诞生的，但对人的拯救与地缘血缘都无关系，与是否严守神所强制实行的律法也无关系，所以发展为普遍宗教。得救的条件仅为内在的信仰。

该种看法，无论对于以律法为生命的犹太人的心理状态来说，还是对于向各种各样的神保证各种各样的仪式和献祭的罗马的心理状态来说，以及对于忌避相信无法用理性证明的事物的希腊哲学的心理状态来说，都同样是非现实的属于丑闻性质的事情。不是作为仪式的宗教，也不是作为社会传统或惯例的宗教，而是专门提出作为"信"的宗教的基督教，一直包含着"是相信还是不相信"的疑问，正因为此，才产生了其他的宗教所没有的激进的无神论。同时，它和作为形式的宗教与理性的斯多葛派哲学相并存不同，要求在理性或信仰之中二选一，所以，也带来了以超越的宇宙秩序为世界原理的斯多葛派哲学的终结。

不过，随着基督教成为罗马帝国的国教，成为欧洲统治者们的体制原理，它再次变质为"作为维持权力的仪式的宗教"。所以，当因第一次第二次文艺复兴，欧洲重新认识斯多葛派哲学时，包括神职者在内的知识分子们，将内在信仰的对象替换为作为宇宙原理的神也是当然的归宿。为了从罗马教会的桎梏中逃脱出来，对"神化身为救世主耶稣"这个教义进行搁置之后，所剩下的是以罗马帝国所提出的"公益"、"公共的利益"这个普遍主义与斯多葛派哲学所提出的"宇宙秩序"的普遍性为"信仰"。这与倡导"神不存在"的无神论相差无几。

实际上，在法国革命期间，原来的神职者们①积极进行"无神论"宣传，在民众面前进行了"神、魔鬼、天国、地狱都不存在，去消灭牧师，烧光圣人，炮轰教会"等内容的演说。

即使如此，这些原神职者们的过激的无神论，对于革命的主流派来说还是超出预料的。因为他们虽然否定罗马教会的权威，但其坚信为了统治"无知的"民众，宗教是必要的，保持着承认超越具有普遍价值的基督教普遍主义的心理状态。人权宣言也讴歌了"信教的自由"，但这只是回归到绝对王权废除《南特敕令》（1598 年，承认了信教的自由）之前的与新教徒的公民共处的理想，"无宗教"还是被认为是不合适的。因为民众的社会道德在长时间里是通过宗教来进行教育，所以无法废弃宗教。为了制止向无神论的倾斜，罗伯斯庇尔所引入"至高存在"的祭典是理神论的延续，是为了重新构建道德观念。还制作了"公教要理"，对替代教会法的自然法中的

---

① 原本笃会会士拉普兰歇（谢尔省）、原耶稣祈祷会士利本（加来海峡省）等。

善恶、罪、德进行了解说①。为取代在法国根深蒂固的圣母信仰，创造出了"理性女神"这个角色。1793 年 11 月，天主教的所有仪式被禁止，同时，巴黎圣母院成为理性女神之神殿。

1794 年 6 月 8 日，巴黎变为花的海洋，在原杜伊勒里公园举行了至高存在的祭典。"无神论"、"利己主义"、"野心"、"虚伪的天真"等等之像被火点燃，从中显现出"智慧"之像。人们激动不已。

走向欧盟之路

但是，进入 19 世纪后不久，无论是"理性女神"还是"至高存在"都被废弃。这些都未成为填埋唯物论的不信仰心与传统的基督教之间距离的解决方法。归根到底，大的宗教并非是人能够有目的地创始之物。成为这一时期法国人的真正宗教的，可以说是革命理念本身，以及随后的全民皆兵的战斗中的民族主义＝爱国教。为该理念而死、为神圣而奉献牺牲的宗教性则继承于基督教。

以基督教的神国为目标的普遍主义，现在在此也变质为认为应该实现理想的政策性的、强迫的普遍主义，法国革命突入到恐怖政治时期。在思想方面，康德的《纯粹理性批判》（1781 年）也以理性无法认知为由埋葬了理神论的神。

在下一个时代，则出现了尼采、马克思，其主张原本因必需而创造出神和超越理念的就是人本身。被理神论所象征的经过基督教

① 例如，自然法中的罪是指扰乱为了人与社会的保持与完善而自然所建立的秩序。善是趋向于人的保持与完善，恶是对人进行破坏与使其劣化，德是进行对个人与社会的有用的行为。

的近代，就这样突入了没有神的后现代时期。弗洛伊德试图发现隐藏的故事，而马克思则描绘了新的蓝图。但是，理念的瓦解在继续，社会变成为在竞争原理之中适应现实的生存之场所。这点在 21 世纪的今天仍然进行着。

尽管如此，法国多次从恐怖政治和王权复辟等中站立起来，如同教义一般坚持着自由平等博爱的共和国理念。法国的政教分离在欧洲走到最前面的原因是，它受到了将神激进地置换为至高存在的那种狂热时代的记忆所支撑。普遍主义总是逐退爱国教的诱惑。"相信超越价值而联合"的法国的执着，实现了今天的欧盟。法国革命和欧盟中，贯穿着构成欧洲文明基础的基督教与其所包含的无神论这样的如同光和影般呼应的成对的气脉。其果真能发展为现代多样的全球化世界的和平的统一原理吗？令人关注。

神秘体验与无神论

古今东西，存在着经历了"和某物相遇"的内在的非语言体验的人。宗教神秘体验也是其中之一，有人在祈祷和冥想中，或在完全没有预料到的处境中如意外事故般经历了与"神"、"绝对存在"、"无"合一的体验。也有观点认为，对神的信仰本身本来就只是这样。西蒙娜·韦伊（1909 年～1943 年）之所以说"未有过神的体验的两个人中，对神进行否定的人大概更接近于神"（《重负与神恩》，1948 年）就是这个意思。未有过神的体验就对神进行崇拜，可以说就是接近于偶像崇拜。

受到 20 世纪的圣痕者、神秘主义者圣女玛德·罗宾的巨大影响的天主教哲学家让·吉东也曾说过："我认为无神论者是相比于同时代的其他人，持有更纯粹的神的概念者……苏格拉底因为比雅典的其他人更具有纯粹的神的概念，所以才必须饮下毒药。"如果未经历过与神相遇的内在的体验，在之后，作为正式的思考对象，是否与神针锋相对就成为问题。如果未经历这个过程就否定神，就不会形成免疫抗力，其后遇到实际存在的危机时也许就会为伪宗教所乘入；而如果未经历这个过程就崇拜神，也许还会在不知不觉间陷入偶像崇拜。

认为神是体验之物、相遇之物，不属于可以认知其存在之物的看法，在基督教脱神学化的过程中，认为存在不是能证明之物而是被体验、被确认之物，也就是说被"敬而远之"，但不断会出现一群人去"作证"神的存在，称体验过神、与神相遇过。

无神论也可以说同样如此。仲马（亚历山大·仲马的儿子）称"否定神，要等待证明神不存在之后"，拉冈也因讲过"无神论必需神学的证明"而出名，不过，也有人跳过这样的证明，与"神的非存在"相遇，以为此作证。无神论的觉醒就如同一种悟道一样体验到"神的不存在"。这是应该称之为内在的神秘体验之物。神秘体验包括两种：一种是无法语言化的、潜于和融解在内在之中的类型的神秘体验，另一种是与外部的超越的某物相遇、被爱的类型的神秘体验。前者，如果是基督教，则有埃克哈特的例子，但与该时代的神学不相符。内在的神秘体验也被认为是一种无神论。

也有出身于好战的无神论家庭，由于神秘体验而悔悟并重新信仰的人的证言。龚古尔文学奖得主迪戴尔·德科恩是作家兼电影导演，他父亲为无神论者亨利·德科恩。这个青年在哲学的高中毕业文凭考试合格后，和家人一起在农村的别墅惬意休息，一边刷着牙，一边在床上准备着要阅读的书籍。突然，神的非存在证明是不证自明的想法在该青年的脑海里闪过。震惊之余，青年放下牙刷，想将他直觉记录在放在床旁边桌子上的笔记本上。突然间事情又发生了180度的转变，这次是陷入对神的存在的绝对确信。他并不是看到了什么听到了什么，而是内在的体验。"其（指体验）"就存在于他的内部。"其"还没有名字，以暴风雨般的爱包围着他。直到早上，青年一直流着欢喜的眼泪。迪戴尔·德科恩追述往事时称，如果它是一种单单的精神发作的话，那么它就不会持续肯定地改变其后的他的整个一生。尽管它承认"光辉的坚信比信仰的黑暗更难以存在"，但它作为天主教作家继续着其独特的工作。

记者兼哲学家安德烈·弗罗萨德的父亲也是共产主义者、唯物论者、无神论者，安德烈·弗罗萨德青年时代在教会等待与友人见面时，也在突然间经历了被"爱的风暴"袭击的体验，并由此成为天主教徒。他父亲把这种改观看成为青年时期的一种精神发作，他请求担当精神病医生的无神论者朋友在未通知儿子的情况下与儿子进行交谈。当父亲询问"诊断"结果时，医生以"是神恩"这一词汇进行了回答。

这样类型的"与神的相遇"并无外形，与无神论的觉醒无限相似。原本与超越神在现世相遇只能采取这样的形式，如果最大限度地废除偶像崇拜的话，神与绝对的无会最大限度地接近。不过，因为竖立起"成为人的神"的基督教中，不单单是人间耶稣，而且还配置了各种各样的圣像，所以，某种神秘主义者们的神秘体验，带有着所有的具象性，成为看、听、说等调动五感所进行的体验。正因为此，面对这样的"戏剧性的"神秘体验的证言，尽管也有因感动而加深信仰的人，但越来越蔑视信仰的蒙昧性、忌避和抛弃神的无神论者也不少见，这只能说是一种讽刺。而宗教一方，当该"戏剧性"的神秘体验伴随有肯定性的"奇迹"时，会顺利地对其驯服笼络，而当其不可能时，则会批判其为"魔鬼附体"或"异端"，以进行管理。

即使在现代法国，无神论的知识分子突然拥有信仰，好像也并不是因为道理而是因为神秘体验。相反，在天主教家庭成长并在天主教学校读书的知识分子，对教义的内容在潜意识中持有合理的怀疑，会在青年时期结束时的某一天，突然像孩子不再相信圣诞老人的存在一样，确信神不存在，经历"解放"的体验。当然，"与孩子时代告别"过程中，很多青年在不再相信童话内容的同时，"自然地"抛弃了宗教之心。但是，因上述成长而导致的自然脱离型无宗教者中，相反，在其后当遇到"奇迹"或超常现象时再次发生动摇的情况并不少，甚至有人为极端宗教团体所拉拢，或陷入原教旨主义，或落入各种各样的宗教异常心理的地狱之中。与"无神论的觉醒"的体验者、坚信地选择作为意识形态的无神论的人们不同，可以说，自然地成为大人的"无宗教者"们，在灵性形成市场的现代社会中，被置于巨大的危险之中。在相信"神"者与"无神论"者不能面对面相互牵制的社会中，不单是对抗极权主义，而且包括对抗极端宗教团体、神秘主义的方法论很难成长起来。

神、巴特、罗耀拉——围绕着信仰的书写

罗兰·巴特（1915 年 ~ 1980 年）明言没有信仰。实际上他的论述（叙述）可以认为未放在宗教的语境之下。巴特与萨德、傅里叶相并列，将耶稣会创始人、圣人依纳爵·罗耀拉（1491 年 ~ 1556年）的《神操》（1548 年）作为了文献研究的题材，实在是意外。这乍一看，被认为像是这样一种模式，该模式下连罗耀拉这样的极其宗教性的文献都脱离了该语境，单纯作为"语言体系"，使得对"书写（écriture、语言、文体）"进行结构性分析成为可能，但如果好好注意阅读的话，就会明白，巴特对于天主教神秘主义的立场的采取方式是一种洋溢着害羞与憧憬的慎重之方式。

例如，普通的作家是以世俗为方向，所以与圣人不相并存；虽然对神秘体验的书写接近于官能性，但又仿佛害怕冒渎似的，称没有性的内容。另外，在知识分子一起脱离天主教的时代，反而尝试着将天主教的论述看作书写的内容，但又反复辩解说这里绝不是提出信仰（这与例如巴特也评价过的乔治·巴代伊所进行的罗耀拉以及其他圣人的神秘主义的文献分析形成对比。巴代伊一直是自由地、不惧误解地将天主教神秘主义的性作为美学来对待）。

巴特即使不是耶稣会士、不是天主教徒、不是基督教徒，仍然特意预先告知说对罗耀拉建立起兴趣，虽然对神秘主义者来说的神的显现实际上接近了明确指示含义这个本质，但对所谓信仰正是

"对含义的期待"一事则置之不理、敬而远之。对萨德、傅里叶、罗耀拉的研究，可以说分别是对恶（施虐狂）和社会主义（乌托邦）以及信仰（宗教）这几个范畴的挑战，但对萨德、傅里叶的自由的切入并不适合于罗耀拉。罗耀拉的官能也是书写本身所带有的触感，但他将其偷换为读者所创造的官能。另外，即使应用罗耀拉的修行的方法论，也会强调其可以与信仰无关地进行。但是，巴特像是对圣人客气那样，越是显示对宗教世界终归是"旁观者"的恭谨，在其含混不清之中，巴特自身的对神的影像，在其沉默中越是被认为相反显现出轮廓，这难道是错觉吗？

实际上，在法国这样的国家，作为知识人士进行活动一事与在个人史中和神的关系方式并非没有关系。

在战后法国，特别是从 20 世纪 50 年代到 20 世纪 60 年代的几乎所有知识分子一起表明了"无神论"的立场。宛如这保证了理智的自由，成为学问的良心的证明。换句话说，"没有信仰"类似于这个时期的法国知识分子的一种"信仰告白"。但是，这个与战后日本的众多知识分子们的"无信仰"属于不同的维度。因为日本人的"无信仰"多与"不关心"、"无知"为同一含义。

那么为什么法国人的"无信仰"具有重大的意义呢？首先，以前的法国还属于压倒性的天主教国家，资产阶级出身的大多知识分子接受着天主教的教育。战争中对犹太人的排斥也与宗教有着紧密的关系；共产主义势力的兴起，也有着为与和基督教相勾结的权力相对抗而出现的背景。但是，那属于大多数法国人接受着天主教的洗礼的时代。这其中有继续"保持"天主教，如同弗朗索瓦·莫里亚克和乔治·贝尔纳诺斯那样，即使被贴上"天主教作家"的标签也不在意者，这近乎于智力的挑衅。另外，也有如最初是不自觉的天主教徒，但经历神秘体验而悔悟、重归信仰的保罗·克洛岱尔，以及被新教的双亲所抚养、在 16 岁时改宗天主教的朱立安·葛林那样的，戏剧性的、决定性的事件。为什么悔悟而重新信仰天主教属于戏剧性的呢？因为到 20 世纪 60 年代末之前，作为天主教徒意味着请求忏悔牧师听取忏悔，赎罪并请求宽恕。也就是说，为了做天主教徒，将个人良心献给共同体的这个手续或将罪的意识社会化的这个手续是绝对必要的。正因为此，例如，于斯曼在面对"重归信仰"时是如此的迷茫。

20 世纪 60 年代之前的天主教信徒，仅仅因为参加新教的弥撒就会被开除教籍，承担着日本的宗教环境下无法想象的压力。而新教徒则即使参加天主教的弥撒，也不会被开除教籍，所以，天主教徒与新教徒结婚时，双方多会倾向于天主教，但孩子的教育仍然是大问题。天主教与新教并不像在日本那样单单只是并存的基督教两个派别，在欧洲，通过宗教战争相互开除教籍、相互惨杀才好歹到达了共存的道路，这段仍然栩栩如生的历史让人无法忘怀。另外，像法国那样的最终天主教成为主流的国家里，作为少数派的新教的联合意识非常强烈（此外，革命过程中共和主义与基督教间激烈冲突的复杂因素也纠缠在一起）。

在这样的宗教背景下，以"没有信仰"为内容的"知识分子的信仰告白"就带有了巨大的意义。也就是说，通过说出"没有信仰"，无论是犹太人，还是天主教徒、新教徒，都可以步入带有马克思主义芳香的"知识分子的宗教"圣堂。这类似于获得知识分子这个身份的密码。但是，不能忘记的是，战前的文科学生要学习希腊语、拉丁语，并因此拥有着深厚的基督教修养。虽然同样是说"没有信仰"，但天主教修养的有无本身，实际上是个重大问题（这里的微妙之处，从外部很难窥视。因为他们中的多数人，在声称"没有信仰"之后，再谈论宗教时，就会变得极其害羞）。

且说，巴特属新教出身。我们已经说过，在法国新教徒属于少数派。对于巴特来说，属于新教徒一事具有什么样意味呢？面对采访，他回答道，对于没有信仰的自己来说，新教徒本身没有意义，但是，他感慨称，因为属于新教徒，所以他完全不清楚天主教牧师是什么、祈祷的形式以及使徒信经、信条是怎么一回事。同样做出"没有信仰"宣言的知识分子们之中，多数出身于天主教资产阶级家庭者，都曾一度去耶稣会系统的学校学习（因为耶稣会的教育机构很多为名校）。他们有着这样的经历，即在体验天主教的内幕之后，嘲笑牧师们的伪善，将使徒信经视为愚蠢，确信即使犯罪也不会有神进行惩罚。巴特则没有这样的基础。

也就是说，巴特内心并不具备对天主教的基本的原初认识，并且，他本人也明确地意识到了这一点。另一方面，作为新教徒，其少年时代，好像是处于极为普通的新教环境之中。因为在他自传中出现了其教父，还可以观察到其家族与牧师的日常交流的样子。另外，在法国，"普通的新教徒"，等于不得不意识到作为极少数派的新教徒的身份（相比之下，天主教牧师这个词汇仅在"语言牧师"项下被抽象地进行了叙述）。

应该注意的是，被认为对巴特青年时代给予了最大影响的安德烈·纪德（1869 年～ 1951 年）属新教徒，正是此事，对巴特来说，可以说是纪德神话的最大部分（颇有意思的是，两次大战期间最为东西方青年人所广泛阅读的纪德与战后最有人气的萨特都是少数派新教徒出身）。巴特没有直接见过纪德，只是远远地看见过在巴黎拉丁区的啤酒店一边吃着梨一边看着书的纪德。纪德属于新教徒一事确实刺激了他。纪德有着出身于南法国的天主教的父亲和出身于北方诺曼底的新教的母亲，11 岁时父亲去世，其后从母亲那里接受了严格的新教教育。因为天主教徒与新教徒结婚，是担负着被开除教籍风险的大问题，所以，纪德好像为这样的矛盾和复杂性而烦恼着，他称，因为其继承了非常不同的两个纯粹的体系。在这一点上，巴特将纪德与双亲分别来自于阿尔萨斯和勃艮第这两个距离较远的地域的自己进行着比较。

总之，纪德对家庭、宗教、性道德进行了深入的挖掘，所以抓住了大量青年人的心，获得了诺贝尔文学奖，极有名望。但在 1951 年去世后的翌年，罗马教廷将他全部作品列入了天主教禁书目录。日本的天主教学校的图书室中，除了最广泛被阅读的《窄门》（1909 年）被留下之外，纪德的其他作品都消失了踪迹。巴特就是生活在这样一个作为新教作家就能包藏着如此紧张感的欧洲现实之中（巴特的初期论文与纪德日记相关）。

新教中没有告白、忏悔的体系，所以，对于罪恶也没有规定相应的对价。因为是由自己对自己的良心进行检查，所以，有时反而如清教徒那样变得严格，不过，还是确实有对罪恶的感觉进行含糊的余地。巴特明确说，他对自己的同性恋一次都没有过罪恶的意识，也许正是上述这个原因吧（巴特说，但也许因为是新教徒的缘故，陷入了内省的倾向之中）。但是，与信徒出身的多数知识分子一般想按照尼采那样将宗教定性为"伪善"、"欺骗"、"迷信"相比，巴特则认为宗教像是坚韧持续地赋予"禁欲的纯洁的"柏拉图式的潜在意识（例如，"友情的宗教"会让人拥有"忠诚"、"英雄主义"、"性的缺少"等属性）。另外，天主教神秘主义中有寂静主义一派，巴特对自己度过假期的家，使用了"非——性的寂静"的表现。也就是说，从中可以看出，从宗教的"神圣"中剥离"性"的含义的倾向。这一点上，与巴代伊的"神圣"的视角本质明显不同。

新教中无圣人的概念，但巴特对天主教的圣人、圣人传好像也持有着虔诚的态度。新教的严格性，虽然未培养出巴特的关于罪恶的意识，但好像留下了对苦修的嗜好，这直接反映到对圣依纳爵·罗耀拉的态度上。

他好像对罗耀拉所提倡的伴随着冥想的灵魂修行、禁欲、苦修等也怀着憧憬。关于作为苦修代表的断食，他引用布莱希特的语言，赋予了断食以无感情的明晰的状态，更加纯粹的、更加有价值的状态的形象。作为其相反的表现，有巴特在贬低自己或挪揄知识分子时也会使用的"废料（déchet）"这一词汇，这指的是赘肉等。同样意义上，这里显示了对瘦的身体的执着，是想恢复作为自己本质的瘦的肉体的表现。"瘦的身体"包含有与"瘦的苏格拉底"〔译者注：

引自东京大学校长在 1964 年学生毕业仪式上送给毕业生的一句话"与其做胖猪，还不如做个瘦的（不满足的）苏格拉底"〕同样的知识分子的幻想，瘦是基于想变得有理智的愿望的朴素行为。这个瘦的肉体也是坚持苦修的圣人的肉体。正是在瘦所具有的含义上，理智的、神秘的以及信仰行为重叠在一起。

巴特与苦修的圣人的接近继续着。这是指其结核病所带来的在结核病疗养院的体验。巴特进入疗养院的时候，结核病被认为是不治之症，巴特本人也担心疗养院是不是会成为自己永远的住所。而且，在其中（疗养院），说是模仿了一种"修道院生活"。循规蹈矩的共同生活、严格的时间表，甚至能体会到友情的兴奋。巴特在阅读圣人传、灵魂修行指南时，并不认为不受自己的"修道院（这是在欧洲在天主教中特别发达的体系）"体验中所产生的共同意识的约束。

尝试了《萨德传》、《傅里叶传》的巴特，并没有尝试《罗耀拉传》。这个欠缺意味着什么呢？存在着因为罗耀拉是比萨德、傅里叶更古时代的人物，所以缺乏确切的资料等的类似辩解，但实际上，作为被罗马教会正式地圣化的圣人，并且同时也是耶稣会创始人的罗耀拉的传记，包括口述的自传，已经被多次反复详尽地研究、分析、注解，这是萨德与傅里叶传很难以比拟的。此外，它还被传播夸大，通过各种演出而被改写，还与既存的圣人传的系谱相重叠，呈现为想象中的怪物的样子。对此，巴特也许并不清楚为了添加新的书写，到底要保持什么样的距离。

巴特所选取的《神操》被编成文献时，罗耀拉距离独创还有很远距离。修道生活或隐士生活流行的中世纪，这才是离开"信仰"的脉络的最大限度的边界，存在着无数令人惊讶的基于实践主义和拜物主义所书写的修行手册（指南），罗耀拉的作品明确地归入该系谱之中。如巴特也曾指出的那样，与其说是灵魂的，不如说在数量上被还原的无机物的、机械的世界在此被展开。并且，这样的文献群，被无数的隐士候选人或修行僧侣在修道院的黑暗的图书室或阴冷的遁世房中再三反复地书写，通过这样的行为，更加成为盲目崇拜的对象。通过书写这个行为，以及通过服从该手册，修行者将自己的生命戏剧化，书写之物越来越带有官能性。

使罗耀拉作品在数量众多的手册群中脱颖而出的原因，确实有新教所进行的宗教改革时代下标榜着为天主教改革而写的这样的历史的、政治的文脉背景，以及其成为耶稣会这个后来的天主教世界的教育机关的正式手册的这个社会的文脉背景。但是，如前述的那样，为了天主教的遁世而作的手册的书写，原本实际上是超越时间和场所，甚至超越教义的、为了片断的片断所狂热积累的、真正白色的"书写"世界。在这里，已经没有了支撑着文献的"含义"，而只有对"含义的欲求"。

这样的话，巴特就没特别的必要特意单独拿出背负着特殊文脉的罗耀拉的文献，再度还原为脱离历史、宗教的书写（不过，对巴特来说，也许正是因为耶稣会罗耀拉的神话也可以说是与其同时代的接受天主教教育的知识分子们的教养的根源，所以将其还原为书写是重要的）。但是，即使怎么样对手册书的书写进行结构分析，也许的确从宗教或历史角度是自由的，但究竟从"信仰"角度能够自由吗？如果信仰是对"含义"的期待，是欲求的话，那么信仰本身终归是符号标记，而不会为符号所表示的内容。

一下子扑到符号内容的深渊的是神秘的行为〔虽说如此，确立了教义的体制性宗教中，明确地预备着作为拟像（偶像）的符号所表示的内容。对位于该假冒的符号所表示的内容的另一边的"绝对"进行挑战的当然是神秘的语言〕。

巴特与"快乐的文献"相并列，使用了"喜悦的文献"这一词汇〔哪个都带有性的言外之意，jouissance（快乐）表示着性的高潮极点感〕。快乐的文献，给读者带来某种"飞跃"的喜悦（或者也带有气馁的风险。也就是说，是能够带来不可预测的体验的文献）。而且，他也引用了天主教神秘主义者雷斯博克（14世纪佛兰德的奥古斯丁会修道院院长，获得相当于"准圣人的福者"的称号）文献，即所谓由文献所带来的快乐的体验与神秘的体验相似。因为神秘体验在于由对方给予超越主体欲求的快乐。那么，是谁给予自己以这样的快乐呢？只有神或母亲（神秘的场合，当然对方是神）。面对神或母亲时，快乐的语言也成为可能。因为神或母亲在语言的主体提出欲求以前就已经爱着我们。这的的确确是基督教的神。与犹太教的神（这是成为父亲的男性神的形象）不同，因为基督教的神，由神的一方采取了耶稣之形，已经爱着人，已经宽恕着人，已经无偿地无条件地在持续地给予。耶稣本身作为爱，是事先给予人的答复。耶稣作为母性原理（译者注：父性以"分割"功能为主，母性以"包容"功能为主）发挥着作用。对神或母亲所进行的爱的语言，所以会在发出的同时，互相呼应、共鸣、被放大吧。另外，该爱的语言，即使是祈祷、恳求、呻吟，甚至是沉默都没关系。多数的修行指南书籍所说的就是这些事情。无论采取什么形式的语言，只要是呼吁、是欲求，只要是寻求所表示的内容的符号标记，神必定会从黑暗的那一侧来临，给予快速的、更多的回应，该期待就是"信仰"。不记得父亲长相的巴特被新教的母亲所养育一事，通过对快乐的期待，诱使巴特走向神与母亲相一致的"信仰"的范围。

巴特特意没有写传记的罗耀拉的生涯，实际上也是表现了作家与书写的关系的一个典型。巴特对作家为什么写作的问题进行了回答，他回答说"因为阅读"。罗耀拉的《神操》正是这样被写作的。圣依纳爵·罗耀拉既不是天生的神秘主义者，也不是天生的知识分子。他是贵族出身的战士，精力旺盛，在不战斗时则追逐在女人们身后。他 1491 年出生于西班牙，爱好跳舞和音乐，擅长武术，与宗教相比，更幻想勇敢的荣耀与对女性的征服。父亲死后，16 岁时寄宿在卡斯蒂利亚王国的财政官家中，在那里阅读了骑士故事等。24 岁时曾与兄弟在街上闹事而吃官司。

但是，1521 年 5 月在与法国的战争中，罗耀拉腿部遭到敌方炮弹袭击而负重伤。一度徘徊于生死线上，保住了性命之后，因讨厌单腿变短，曾强行要求将骨头长度弄齐，并因此经受了痛苦。

在出生之城进行疗养期间，为了摆脱无聊而希望阅读骑士故事。但城中几乎没有书籍，能弄到手的只有杰克·德·渥哈俊（1229 年左右～1298 年）的《圣人传（金色传说）》和沙特尔修道会的鲁多夫的《耶稣生平》两本书而已。因没办法而开始阅读《圣人传》的罗耀拉，逐渐被吸引。他认为《圣人传》才是比骑士故事还刺激的英雄传。圣人们的英雄主义和荣誉是骑士的英雄主义和荣誉无法比拟的。当阅读到圣多米尼克做了什么时，自己也想一定要做那些事情，当阅读到圣方济各做了什么时，则想自己也要做一下试试，其想法一直这样运转着。

多数的《圣人传》除了英雄的殉教故事、辉煌的奇迹或神的宠爱的故事之外还充满了禁欲、绝食、自己对自己的鞭打、彻底施行的清贫生活、照顾病人的轶事。圣人中有不少人最初是过着世俗的生活，突然有一天回归信仰，为了赎罪而自我牺牲或进入苦修。大圣人的生命，包括耶稣在内，都放射着激进的、高密度的、强烈的气息。并且，圣人都基本上经历了模仿耶稣的生与死的人生。无论哪个圣人，都是先行的圣人的复制，是耶稣的复制。超越国家、个人、时代，只有神圣挑战的书写，在那里被反复展开。圣人们的生与死，是以唯一一个符号内容为目标的无数的符号标记的变化。并且，一个一个的圣人传，是作为快乐的文献而完成的爱的故事。这是因为，圣人们的生活方式，都指向于对耶稣的爱，所有的行为都化作信仰告白，那也是爱的告白。同时，因为耶稣已经做出了为了拯救人类赎罪而死的这个最大的爱的行为，所以，圣人们的爱的告白，实际上就变成了"爱的呼应"。在该快乐之中，圣人们与耶稣同化，实现着爱他人、拯救他人的行为。

罗耀拉决心自己也投入到该信仰的书写的大河、神秘的语言之大洋中。他以美丽的文字从头开始写作信仰之书。耶稣的语言用红色书写，玛利亚的语言用蓝色书写。读书促进了写作，写作则创造了生活方式的模型。浮现出抱着年幼的耶稣的圣母的影像，他的读书体验正成为动摇五感的全部体验，这个时候之后，罗耀拉的道路就决定了下来，即以模仿耶稣、学习圣人、成为圣人为目标。

这样，罗耀拉在过了 30 岁之后步入了信仰之路。他对出现于圣人传之中的激进的禁欲苦修也全部进行了尝试。但是，并非是所有都按照圣人传所写的那样取得进展。反复试验的基础上，必须想办法对各个场景所发生的问题进行整理、分析、解决。这样一点点写成的修行法的集大成，后来成为耶稣会的教科书，这就是巴特所选择的《神操》（与此相并行，罗耀拉开始了拉丁语、哲学、神学的学习，一点点体会书写所使用的语言体系）。

所以，《神操》既是基于罗耀拉的个人体验之物，同时也是对先行的无数的圣人的模仿，是对被还原为耶稣的作为崇拜对象的"传记材料"的组合。内容越是变得强迫性的、琐碎的，各个脉络背景就会越消失，实用主义的符号就会表现出来，在另一侧，则浮现出快乐的感情的镶嵌图案。

巴特大概是理解了这里的微妙之处。但是，面对天主教的圣人传的传记素材的丰富性以及神秘主义、修行方法的文献内含着快乐一事，作为新教徒的巴特也是慎重的。"作为新教徒，意味着并不共享关于天主教语言体系的影像"，曾做出上述感想的巴特恐怕也表现出来了也许自己不能够良好地把握天主教的文献群所带有的言外之意的踌躇。个体在内心中与神进行针锋相对的新教徒的精神状况方面，甚至可能会出现那种譬如说不存在符号标记的符号内容被摆放在眼前的严重事态（新教徒必须每次自己将语言更新。另外，如果看丢了神，则不仅是符号所表示的内容，甚至连符号标记本身都会丧失）。

与此相比，除了耶稣之外还有玛利亚，无数的圣人、圣礼或仪式，天主教的语言体系就如同令人目眩的记号的海洋、"记号的帝国"。但是，存在于那一方的作为符号所表示的内容的神真的与新教的那个符号所表示的内容是相同之物吗？或者是天主教会所预备的贴着金箔的偶像之神？巴特警惕着当由上面赋予的神作为记号独行时，理智会被夺走自由，极权主义可能会兴起。

巴特因在日本的经历，陶醉于轻飘飘的符号标记的世界。而符号标记的过剩则使符号所表示的内容相对化。在这里，他认为看到了因上面赋予的偶像之神或权力这个符号所表示的内容而硬化的欧洲语言的新的可能性。

也就是说，巴特以"漂浮的、片断的、轻飘飘的语言"为目标，是为了从欧洲的一神教的偶像中解放出来。但是，真正只接受该样式，出现了日本的多数后现代知识分子不断地编织起优雅的、转向快的、不含有道德观念的语言的现象。这到现在才被觉得是非常危险的事情。甚至连巴特面对罗耀拉所显示的慎重和克制的一半都不具备的情况下，就无益地耍弄起宗教的语言。如战后日本那样，指出其为真东西的断言的语言原本就缺乏实质的情况下，却不断提出无实际内容的轻松的符号标记，所以，在另一方面，有时当朝向于法西斯主义的假冒为神的偶像以极端宗教的形式一旦表现出来时，也会导致使人们失去了判断标准的结果。

另一方面，在现代的法国，神的权利恢复，是作为长期纠葛的历史的结果这样一个与日本不同的脉络中被进行的。正是现在这样一种情况下，我们期待着日本也出现探索真正的"信仰的书写"的尝试。

希望有机会看到最终巴特的"神"能否出现。

灵魂不灭与无神论

在启蒙时代，标榜合理主义、提出无神论的人们一定会表明的是，与"神不存在"相组合的词句——"灵魂不是不灭的"。在基督教中，人们相信，死者不会失去包含有其生前记忆的人格，等待最后的审判，不久就会恢复光荣的肉体、实现"肉体的复活"。暂且不论不知何时进行的最后的审判，可以说，人们相当广泛地共同相信死后灵魂不会消失而会保留。

要想否定该"灵魂不灭"主张实际上并不容易。首先，因为将人分为肉体与灵魂、身体与心灵的二元论本身，与宗教无关，是人类所共通的认识。从这里诞生了将不具有肉体性的"灵魂"视为一个独立的实体的传统。普遍存在着认为宇宙间所有万物都存在着灵魂——如祖先的灵魂、森林的精灵、山或海之神、风之精灵等的文化。其形式或分类因文化而不同，但作为不可视的实体的灵魂概念本身，既不是文化的产物，也不是哲学的假说。

作为超越了肉体所具有的死或有限性之物的灵魂的存在具有普遍性，其理由大概有数个。虽然灵魂不可视，但人通过梦境体验、神经障碍或药物等造成的幻觉体验以及其他的恍惚状态，可以"确认"，灵魂，"灵魂不灭"也许是为了抗拒对死亡的实际存在的恐惧而采取的心理上的战略。

因为"灵魂不灭"是如此扎根于人类学上的古老的历史之物，

所以，并非是在基督教中才特别明显。《圣经》中也并没有明确地言明，东西教会分裂之前基督教确立教义的最初的七次大公会议上也没有进行表明。其成为"教义"是在 16 世纪初的第五次拉特兰大公会议时，甚至被称为是运用了对神学上的文艺复兴给予很大影响的斯多葛学派的希腊哲学中的生死观。

不久，在启蒙时代的合理主义所进行的宗教批判中，该"灵魂不灭"当然被否定。但是，其过去历史中的灵与肉二元论倒摆脱了宗教的枷锁而获得另外的发展。通过灵媒所进行的与灵魂间的通信、降灵术的实际演出或实验也曾席卷近代的欧洲。在此之前被基督教所管理、牵制的神秘主义也来到了舞台表面。

这种倾向在今天仍然继续着。即使在管理着看不见的东西的宗教共同体或失去了各种仪式的社会中，也并不是没有了老、病、死。在赞美年轻、追求现世利益的世界中，反而可以说隐藏的不安或恐惧在增强。正因为此，在启蒙时代被要求的证明不再被要求的无数"灵魂"理论或心灵理论不加批判地通行，而且，还被极端宗教团体所利用。

即使是在仍然有过半数的国民接受天主教洗礼的法国这样的国家里，称相信作为基督教教义基本原则之一的"肉体复活"的人也仅有 5% ~ 10%，这与相信灵魂转生的人占 40% 有很大的距离（2003年 3 月，CSA/La Vie/Le Monde）。

围绕着这样的"灵魂"理论，2007 年意大利的神学博士、在米兰的圣拉斐尔大学哲学系教授近现代神学的瓦托·曼库索（1962 年~）发表了新的看法，并引起物议（Vito Mancuso, L'anima e il suo destino,

Raffaello Cortina）。

这在某种意义上也许可以说是 20 世纪后半期完全变得气息奄奄的天主教阵营中的"神的存在论"的意外的变种。

曼库索称，具备人格的不灭的灵魂在获得光荣的肉体得以复活之前，等待在地狱或天国等是无法想象的。地狱或天国只能认为是单纯的比喻。但是，那么，灵魂也是比喻吗？如果灵魂是存在的，那么它在哪里、是什么样的东西、死后会有怎么样的变化呢？曼库索逐个地进行了说明。

首先，物质与非物质的差别自爱因斯坦以来变得暧昧。因为物质被改写为能量的形式。从天地创造的原初就存在着能量，其将原初的物质改变为以各种形式组织化的生物，进而使之进化为意识。这种赋予物质以形式和生命的作为能量体的"灵魂"的想法本身自古代就存在了，但曼库索在这里则引入了"进化"的概念。

最初存在着没有形式的能量，其成为非生命物质，成为生命物质，接着成为"进行思考的存在 = 人"。在人的思考之中，存在着进一步升华为更加高级真实感的体验，这是爱、艺术创造、真善美等至高价值的把握。在这个阶段，才出现了"灵魂"。也就是说，灵魂是能量进化系列的最终阶段。潜藏于人的内部的该灵魂，与神同义。人对该神的呼唤有进行回应的，也有不进行回应的。

据此，神并非是天地创造的起源，而是成为最终进化形态。

这从天主教的"教义的"角度而言很难说公正。并且，该书在数个月内印刷了 7 次，达到没有先例的 8 万部的销量。批判的声音高涨也是无可奈何的事情，但曼库索从事教学的大学并不直属于天主教会，而曼库索也并非是神职者，所以，梵蒂冈并没有插言。但是，不能忽视的是被称之为天主教内自由主义派之雄的卡洛·玛利亚·马蒂尼枢机主教（原米兰主教、耶稣会、约翰·保罗二世的有希望的后继者之一）给本书寄来了内容为对作者的有勇气的尝试进行评价并称这会起到加深人们的考察的作用的序言。2008年初，梵蒂冈官方报纸《罗马观察家报》以及在其监修下的杂志《天主教文明》刊载了对该书的详细的批判。曼库索所标榜的是构建与现代科学和哲学能够相并立的世俗神学。但其否定的只是天主教教义中的某一部分，曼库索所随意引用的神学或哲学的脉络也并不始终如一。

看到该争论时，让人产生对宗教与无神论间斗争的历史的似曾相识的感觉，同时，让人不得不现在开始就该种尝试的争论点及其处理方法进行思考。

首先，在科学与信仰之间"架设桥梁"的尝试，无论从哪个方面来看，都存在让人觉得态度不够明朗的巨大风险。所谓科学，也是假说的累积，当然未知部分很多，可以说其本身就是进化中途的领域。与此相对比，因为信仰作为对象的原本就是无法知觉、无法证明之物，所以即使想以"进化中途"的科学的尺度来使之合乎逻辑也变得没有意义。基督教的经院哲学为了证明神的存在或灵魂的存在，已经运用了亚里士多德流派的理论。但是，无法说明的事物必定以"神秘"的姿态作为其基本。如果因科学的发展，导致"说明"或"证明"崩溃时，则会撤回该"变得陈旧"的说明，并不会撤回信仰。而且，现代的神学，也时常将信仰对现代诸种问题的具体影响纳入视野。

下面进行举例。

天主教会的基本是认为灵魂是神创造给予之物。为了证明该灵魂的实际存在性，经院哲学提出了如下的想法：即，人有理智、有判断力是不言自明的，所谓判断并非是物质的，而是精神的作用。因为物质不可能有非物质的作用，所以，人被推论为不仅具有物质的而且具有精神的属性。但是，天主教会抛弃了该理论。其理由之一是，因为哪怕是尚没有判断力、可以说处于植物状态的人的胚胎、胎儿都已经有了灵魂存在的必要性。同样，患病、老年人、因昏睡失去理智能力的人也保留着灵魂。灵魂也不是父母传给孩子之物。这与认为无论是什么形态的人都存在神所赋予的灵魂的天主教会关于"人的尊严"问题的见解密切相关。

对此，曼库索的观点是，失去了理智能力的人，其作为能量的进化形式的灵魂退化并丧失，天主教会对此警告说，这种观点不单单是教义上的错误，而且包含着伦理上的重大问题。相反，曼库索还指出，如果提出物质与能量的相关性，那么不谈及试图将人的理智行为解释为单单的神经的化学反应的最先进的脑科学则是不充分的。

天主教会一方，对"现代科学无法说明的事情"直接视为"神秘"，以贯彻保护人的尊严的目的，并不否定物质也是能量的形式之一一事。但是，能够变化的这个潜在能力与变化是不同的。冰、水和水蒸气，都是相同分子的相同物质改变为固体、液体、气体的状态，在这里，热从外部施加作用。无论是灵魂的进化还是拯救的故事，如果没有了与产生灵魂、持续对灵魂进行呼唤的"神"之间的关系性，就无法讲述也无法进行说明。

作为科学时代的 21 世纪，也被称为"没有神的灵魂的时代"，是没有任何根据的"心灵的"的各种各样的"灵魂"理论作为商品无批判地被传播的时代。在传统宗教衰退的国家里，无论是从科学一方还是从哲学一方，都未出现对此进行真正批判的声音。想到这些，在中世纪和近代，神学或哲学的传统经过与无神论的斗争而完成了进化。在与市场经济无关的状态下，现在仍然继续认真进行着关于"灵魂"的议论的欧洲，真有点令人羡慕。

恶与无神论

神的不在证明

在与基督教一同形成的欧洲的历史中，所说的近代的"无神论"的开始出现，是在 18 世纪的启蒙时代。中世纪存在着进行"神的存在证明"的神学，但是其倒不如说是逻辑的、智慧的技巧，并不贴切。人是附加着生老病死条件的有限的存在，超越于人的"大自然"的存在在任何时代都是不言自明的，所以，"神＝超越于人之物"的存在被广泛承认。神成为存在的人或自然的原因，是对其进行说明之物。希腊的普罗泰戈拉称："关于诸神，有还是没有，什么都不能说。妨碍对其进行了解的东西太多。首先是该问题本身的暧昧性，其次是人的生命的短暂性。"这更接近不可知论，并未达到带有否定神的存在的积极的动机的程度。

但是，古今东西，背叛神或积极地否定神的存在的动机，并不都是哲学的，单纯的想法主要有三种：一个原因是厌烦作为权力者、审判官的神所进行的约束，想追求自由，特别是性的放纵的自由；其次的原因是，虽然遵守着神或神职者的"教诲"，但并没有被满足消灾息难的愿望，在这样的不幸与不满之中，对神感到失望；最后，不管是否有个人的幸与不幸，面对着这个世界所泛滥的罪恶的实际状况，认为神如果真的是存在的话，就不会允许这样的事情发生。

无论上述哪个理由，都让人走向俗话说的"神或佛会真的有吗"那种自暴自弃。性的放纵也是可能会导致作为社会的基础的家族体系崩溃的社会性的危险思想。这样的话，这些"无神论"的动机的背后，相反地存在着那种认为"神"是"使社会协调，使人免于实际存在的绝望的制动器"的社会的共识吧。

确实，"违背基督教的一夫一妻制与禁止通奸的道德"这个含义的自由思想（放荡）成为站在欧洲启蒙世纪前头的无神论的摇篮。不过，被该自由思想者们奉为快乐至上主义之鼻祖的希腊的伊壁鸠鲁并不否定神的存在。只是在倡导：诸神只是在与人无关之处快乐着，对人并不具有兴趣，所以，没必要恐惧诸神，也没必要因为对诸神期待什么而束缚自己的行为。伊壁鸠鲁派中的罗马时代的卢克莱修明确指出，所谓宗教就是从无知与恐惧中诞生之物，人类为了对超出自己理解的事情进行说明，为了在难以克服的危险中保护自己，虚构了诸神。这样看来，主张神是幻想、是麻醉剂而"合理地"脱离宗教或离开神，并不是开始于科学开始发达的西洋近代。

近现代的大恶

西洋近代的无神论的特征在于，其也许倒不如说是来自于面对大恶时的无力感或绝望所发出的"神不存在"的呼声。到了医学发展、对自然灾害的管理也取得了进步的近代，人用于相互进行屠杀的武器也同样在发展，出现了伴随大量的无差别的杀戮的战争以及法西斯主义。人们提出疑问道，神为什么会允许屠杀、伤害无辜者？实际上，将第二次世界大战中对犹太人的屠杀、对日本投放原子弹与"神的不在"相联系起来并作为人类的心理创伤而无法忘却的那种强迫观念，与犹太人、日本人相比，更有特征性地、强烈地呈现在欧洲基督教社会的知识人士身上。

不过，人对会按照其各自所拥有的德行而得到公正的果报的期待与其并没有按照公式那样发展的"不合理"本身，如旧约的《约伯记》中所叙述那样，是自古就有的题目。那种认为人们追求着"正义"，可神有时对此会以不合理的"力量"进行回应的认识是普遍性的，对"恶"或"苦难"赋予含义，成为所有宗教的中心题目之一。确实，对"自己"的死或苦难赋予含义并不是不可能的。人可以为了大义而死，为了爱而献身。在这里，"不幸＝恶"也可以变换为大善。但是，尚没有善恶观念的纯洁的儿童们会如何呢？俄罗斯作家别林斯基（1811 年～ 1848 年）断言道："孩子一个劲儿地流出的眼泪，也是神不存在的无法反驳的证明。"

看到现代世界孩子们因战争、饥饿、疾病痛苦而死之后，人们指出，不再相信基督教的爱之神，而是更加相信神是冷酷的独裁君主的说法等等。自古以来的善恶二元论也在某种意义上变成这样一种结构，即通过将神区分为善的神和恶的神，让善的神从这个世界的恶的责任中解脱出来。

但是，似非而是的论点是，原本基督教就是对诸如"公正裁判之神"、"满足愿望之神"的普遍看法或"善恶二神"论从根本上进行倾覆的宗教。基督教的神，不是世界的"说明"，而是"邂逅"。基督教对人在自己外部树立的、对世界进行说明、期待劝善惩恶的偶像之神是否定的。神给予人以自由意志，想让其参与创造。其中，虽然神永远爱着人，但人可以对此永远无视或背叛。所谓恶，并不是处于善的对立面的实体，是"拒绝神之爱"。拒绝神之爱的恶的最大牺牲者是被处以十字架刑的耶稣基督，正是在这个世上受苦的所有的弱小者之中神是痛苦的。

最罪孽深重者是谁

在这个站在超越人的位置对善恶测量、给予果报、进行审判的神，对这个世界进行说明的神，以及通过仪式、忠诚、献祭对人的愿望给予应允并进行守护的神蔓延的世界中，基督教之神通过神子在十字架上被杀害，给出了"对恶的回答"。在人的心中一定有着真善美的尺度。人不应该被动地等待真善美的实现，因其不能来临去责备神，或认为"神不存在"而死心，而是必须去对神之爱进行呼应。通过这样的和"人＝神"的内在关系的建立，对担当着各种机能的便利的神进行激进否定的基督教，因此缘故，在罗马社会被作为"无神论"而遭到迫害。

不过遗憾的是，该基督教也成了罗马帝国的国教，在被赋予社会的各种机能的过程中，"测量善恶、对人进行裁判的神"复活了。这是为对"代替神"来决定善恶的基准、辨别他人的价值并进行制裁和杀戮的人的要求进行回应的神。在"西洋近代"，这样的神再次遭到批判，因为"无法对世界进行说明"而被舍弃，也许可以说是当然的结果。正因为此，多数近代思想，无论是弗洛伊德还是马克思，都反复进行着通过宗教之外的新的内容来对恶进行说明的探索。但不久，这些内容也瓦解，虚无主义与后现代主义来临。而且，现状是，作为对其的反动，在各地拥戴"正义与裁决之神"的宗教所进行的挑战中弱者成为牺牲品。

瑞士神秘主义者莫里斯·钱德勒（1897 年~ 1975 年）称，一天内数次地画十字进行祈祷却不对神进行呼应的基督教徒才是最罪孽深重的人。只要不首先将神从拒绝爱的十字架中解放出来，人就不能够将人从恶中拯救出来。

在政教分离的先进国家法国，如果对"基督教之神"进行健康诊断，也许会变成如下这样：

首先，请神填写问诊表：

"我是全能的神"（《创世纪》（17-1）、耶稣向亚伯拉罕显现，进行自我介绍）。

"我是自有永有的"（《出埃及记》（3-14），向摩西进行的自我介绍）。

神既不是梦幻，也不是人的创造物，而是实体。

"我是主，你的神。我是热情之神。恨我的，我必追讨他的罪，自父及子、直到三四代。爱我守我诫命的，我必向他们发慈爱，直到千代"（《出埃及记》（20-5、6），在告知十诫之前）。

这种"遭报应的人直到子子孙孙都会被责罚"的感觉，日本人中则体现于有人气的"地方守护神"，让我们来看下在现代的法国人中有多少人相信这样的"成为父亲的人格神"。

66.1%为基督教信徒（Ifop，2003 ~ 2006 年）。

61% 为天主教信徒。

认为神确实存在的人为 24%。

认为神大概存在的人为 34%。（CSA/LA VIE，2005 ～ 2006 年）

相信父、子、圣灵三位一体的神的人为 28%（同上，2003）。

据上述调查，每周去教会的天主教信徒中也有 29% 回答说不相信三位一体的神。

神的身体状况相当不好。

健康诊断项目中，最为恶化的有两个：

首先岂止是三位一体，连神的人格性本身都恶化。与相信通过预言者或耶稣以人的语言同人进行讲话、缔结契约等的人格神的人相比，那种认为将神看作是一种"生命的能量"，或"不可定义的绝对存在"的想法更为容易且更足以令人相信的人在增加。

这从历史角度来看，是与支持着"近代西洋"的有神论或理神论流派相接近的、无神论的形式之一，但对此认知的人少。虽说如此，这并非是过去那样来自反教会主义之物，而是被认为是来自于那种一边理解生态学的重要性与文化的多样性，一边也与传统的共同体进行妥协的倾向之物。

其次，在人格神中特别是对"父神"的信仰。在 20 世纪，"父亲"被精神分析学视为人性压抑的原因，同时伴随着传统社会的崩溃，象征性的弑父有了进化。因为新时代携带着新的技术，形成了领导时代的新的神话。但是，由于感觉到进步神话的停滞不前，也出现了"父性"的复权征兆。

未恶化、情况向好的项目也有几个：

母性的神。

弱神。

治疗之神。

内在的安静之神。

家庭中父亲的权威的丧失、古老类型家庭的瓦解、环境破坏的危机、对身心健康问题的关心、公共空间再看不到神，在上述这样一个时代，虽悄悄地进行着克制，但能给人以温暖地庇护着自己的印象的神受到追求。

不是接受拥有人格的人格神，而是接受更加不清晰的抽象的神，这乍一看来与18世纪启蒙时代的有神论相类似，但实际是不同之物。在今天的法国，对给予身心以良好感觉的不定形式的"绝对"进行皈依形式的佛教吸引了人气。像是与此相呼应，基督教之神，也变得不再是拘泥是否是一时的存在，是否能够证明，也不必是被希腊哲学以来的理性与逻辑所担保之物，只要能够治疗自己，则即使是内在的情绪性之物也没关系。也就是说，可以说人们相信神的心理上的难度降低了。在过去，比如，精神分析学拥有着无神论的基础，但在今天，神或宗教也与医学的替代疗法、膳食补充品、心理疗法、健康法一样，成为提高人生质量的选择项。

　　是将此看作是现在的法国与日本一样，从神不再被作为压迫的工具而使用的确信中诞生出来的一种"神的解放"，还是将此看成是神被剥夺了其精神的本质，化为只剩下外形的"治疗方法的工具"，则有着不同见解。

美国与无神论

无神论构成为运动，需要若干个因素：

首先，神的构造要求必须将社会限制在超过一定的水准。在允许对宗教不关心和无神论的不严格的社会中，无神论之芽不会生长。

其次，无神论要想作为思想而成立，需要认真面对成为否定对象的神。为此，又需要确立作为多数派的神，并共同拥有这个神的概念。在不存在作为多数派的神的日本这样的国家里，无神论就成立不了。

最后，必须保留有使与作为多数派的神否定性地相对成为可能的土壤。在沙特阿拉伯伊斯兰原教旨主义国家，因为并未留有供养无神论的空间，所以，无神论也不成立。

在这个意义上，无神论今天在世界上表现得最激进的也许是在美国。最近的美国，满足了上述所有三个条件。

其开端是 20 世纪 70 年代左右开始持续兴盛的叫做"福音派"的基督教的登场。其通过强有力的游说互动渗透到了政权的中枢，现在，据说有 8000 万美国人属福音派或其拥护者。

福音派并非是特定的教派，而是纵贯新教各派的原教旨主义（基要主义）的最右翼的流派。脱离惰性的形式化的信仰，经历可以称之为新生的戏剧性的重新回归信仰的体验，成为传教运动家也是其特征。因为达尔文的进化论与神创造天地不相符，所以其对学校教授进化论进行了抗议，并因此为人所知。上述抗议，至少在部分上成功做到了让教科书同时刊载进化论和神创造天地说。

在亚利桑那州的科罗拉多大峡谷，有面向于按照文字那样相信《旧约圣经》中的天地创造的人们的为期3天的露营旅行，很有人气，旅行的内容是乘坐筏子沿科罗拉多河而下，探寻6天间创造天地以及大洪水的"证据"。这是一家叫做Canyon Ministry的旅行社以750美元的价格所提供的"对基督教体验"。形成科罗拉多大峡谷的并非是数百万年间风化的结果，而是由于《旧约圣经》的诺亚时代的大洪水，是神对人之罪所进行的审判的象征。地球是6000年前所创造的。有1500年间，人与恐龙一起在乐园共存。之后，夏娃吃了苹果，开始了有罪的时代。大洪水形成了今天的地形。

旅行的参加者、拥有生物学博士学位的德克萨斯的小儿牙科医生证言道，其从未满足于进化论的说明。参加者的社会立场各种各样，但其共同点是都否定《圣经》的比喻性解释，都属保守派、前美国总统布什支持派、堕胎反对派、恢复学校祈祷的赞成派、伊拉克战争赞成派。很多属于会在女儿16岁时向其赠送"纯洁的指环"的父母。

1997年创立Canyon Ministry的汤姆·维尔在2003年出版了《科罗拉多大峡谷——另一个构想》，倡导神创造天地说。科学家们申诉要求禁止该书在国家公园内销售，但根据宪法所保护的表达的自由，禁止未能实现，该书已经印刷了6次，销售了5万册。

在 1968 年世界学生运动高涨、反对越战运动兴起、抛弃传统生活方式的嬉皮士的登场之际，《新闻周刊》（*Newsweek*）提出疑问说，在美国基督教信仰真的有未来吗？但仅仅过了不到 10 年，1976 年该杂志宣布该年为"福音派之年"。这是与美国独立气象高涨的 18 世纪 40 年代相匹敌的宗教的觉醒。

20 世纪 60 年代到 20 世纪 70 年代，也是所谓的新时代运动流行的时代。在这里，多神教的世界、泛神论的世界、巫术的世界、神秘的世界得到介绍。与美国建国理念不可分割的一神教文化发生动摇。福音派之浪潮则是对其的回归。

原本美国是一个总统会将手放在《圣经》上进行宣誓的国家。美元纸币上强调着对神（上帝）的信赖。独立宣言中虽然记载着受到当时的启蒙思想影响的政教分离，但如同"从大门驱逐出去的神又立刻从窗户飞了回来"这句话所揶揄的那样，清教的"神之国"意识强烈。政治家们为了获得国民的信赖，一般都会去展示其每个周日都去参加教会弥撒的形象。20 世纪 60 年代前期，小学中的祈祷时间好不容易被废止，但福音派则要求对此进行恢复。获得福音派广泛支持的前总统布什公开称，他是按照神的旨意担任其职位，并将与伊斯兰教过激派的恐怖主义的战斗比喻为十字军，这都让人记忆犹新。

处于这样状况下的美国，大概可以说齐备了前面所举出的无神论构成为运动所需的条件。即，共同拥有神的概念、其原教旨主义化与保守的束缚、作为原则的对自由表达的保障这三点。

著名的英国科学记者、动物行为学家理查德·道金斯（1941 年～）的《上帝的错觉》（2006 年）和美国人山姆·哈里斯（1967 年～）的《信仰的终结》（2004 年）、《给基督教国家的一封信》（2006 年）等激烈的反宗教论书籍，都创造了几十万册的销售纪录。继加入美国籍的英国人克里斯托弗·希钦斯（1949 年～）的《神并不伟大——宗教是如何毒害的》（2007 年）之后，大学知识人士也相继准备了宗教批判的书籍。也有书籍因将耶稣基督的历史的实际存在当作神话给予否定而引起了争论（实际上，关于耶稣的历史的实际存在的议论，在宗教历史学的角度上已属于旧闻，也不属于诽谤性之物。现在，耶稣的实际存在几乎成为定论）。

　　由科学家或理科系评论家所提出的过激的无神论的登场及其在美国的成功，明显是对应着福音派的否定进化论等的动向。因为福音派的科学家们虽然避免着神这个词汇，但为证明和肯定作为宇宙设计者的伟大的意志的存在，建立了各种各样的假说。

　　对于这些激昂的"科学的"无神论，不仅是保守的基督教右派，而且大学人士也提出了反驳。牛津大学神学教授吉斯·沃德（1938 年～）在《为什么神几乎是确定的存在？》（2008 年）中对道金斯等的无神论进行了批判。令人感兴趣的是他认清到道金斯等想让人们普遍地回归"无神论"的极权主义态度与传统的一神教的传教是同一根本的。

　　无神论者虽然否定神的存在，但相信人类的历史的意义与科学能够引导这个世界的乐园的到来。

进而，沃德对道金斯的无神论进行了反驳。无神论是以物质主义为基础，但人们明白即使随着科学的进步，"物质"的本质仍然是谜。道金斯认为，如果这个世界是复杂的，那么创造这个世界的神就应该更复杂，通过如此高度复杂的假说无法说明世界。对此，沃德称，对于神学家而言，神是比散在于世界的所有的物质更单纯之物。神的存在假说，不仅不是如道金斯所说的那样不合理，而且能够对宇宙的现在的状况进行良好的说明。

虽说如此，据 1990 年的统计，回答为无宗教的美国人有 2000 万人。到了 21 世纪的今天，该数字上升为相当于美国人口 13% 的 4000 万人。有了这个数量，无宗教也似乎有了相应的公民权利，但是其成为"无神论"时又有不同。2008 年美国总统大选的候选人们，无论是共和党还是民主党，跟往常一样将拥有信仰一事推到了前面。

这如果是在政教分离发展的法国的总统选举中，则是无法想象的事情。在法国，总统候选者们相反会注意不将信仰的有无或宗派暴露于表面。媒体也不太会报道。因为是传统的天主教社会，所以，接受洗礼者占了大部分，在天主教系统的学校中接受中等教育的人也不少，但是，因为"热心的信徒"多会成为极右倾向的招牌，所以，自由主义候选人反而有着特意强调"脱离了教会"的倾向。

"知识分子左翼"与"无神论者"多有重叠部分，有着亲和性。取得了法国大革命胜利的人民和启蒙思想家们，与教会权力展开战斗，还必须与按照王权神授说被认为是由神守护着其地位的王权进行战斗。"共和国"只有从神的桎梏之中解放出来才能成立。

美国的氛围与此相距甚远。美国的世俗同盟呼吁否定神的存在的政治家们表明自己的秘密。2007 年 3 月，最早对此进行呼应的无神论者是皮特·斯塔克议员，成为美国史上最初的无神论议员。

但是，无神论者要想获得公民权大概并不简单。美国是一个公开身份的同性恋者不能申请参军的国家。据 2007 年的统计，美国的有选举权者中回答说能够接受无神论者为美国总统的人比回答能够接受黑人、耶稣基督末世圣徒教会教徒、同性恋者为总统的人都要少。

如前所述，2009 年成为新总统的奥巴马在其就职演说中称美国是"基督教徒、穆斯林、犹太教徒、印度教徒——以及无宗教者的国家"。该演说被总结为"上帝祝福你。上帝祝福美国（God bless you. And God bless the United States of America.）"。即使从比例而言，也不能无视无宗教者。但是，即使是无宗教者，神也会惠及恩泽。奥巴马慎重地回避了"无神论者"这个词汇。演说中没有提及佛教徒，某种程度上成为议论的话题，但在基督教世界，一般将佛教理解为无神论、哲学或处世术的一种。即使是印度教，共有"神"也不会成为问题。并不会单单只照顾对印度外交与经济关系、犹太人的游说集团。

　　过去欧洲所一直为之奋斗的神的特权的收复以及经历无神论浪潮冲刷的作为共存堡垒的世俗主义的确立，也许会是今后美国在很长一段时间内所要走的道路。

艺术与无神论

与古代的艺术表现多未与宗教感情相分离相对比，近代西洋的无神论的发展过程中，艺术家们所进行的无神论的表达一点点成长起来。

虽然如此，天主教世界的艺术家们中与无神论保持距离的人还是比较多的。一是出于对天主教在图像、音乐、建筑方面将宗教与艺术相融合的文化遗产的尊重，特别是因为文艺复兴之前为奉献于神而创作的艺术作品，在改革天主教的巴洛克时代，变为为维系人们、颂扬信仰之心而向人发出信息。

艺术家们也许会被"灵感"所启发，其所凭借的是，有形的、被创造的、在这个世界上能够感知的艺术作品。瓦雷里写道："首先是天主教，几乎完全是偶像崇拜，然后大概是加尔文派、詹森主义派，也就是说，我讨厌所有的非艺术的宗派。"（写给皮埃尔·路易的信）倾倒于神秘主义的于思曼也重新回归于天主教，赞美建筑、绘画、典礼之美。因从审美角度无法忍受排除了神圣的近代合理主义的机械的世界观而对其厌恶，留在了保守的天主教中，其中也有不少人属扩展着泛神论梦想的浪漫派、高踏派艺术家。在这种场合，当泛神论世界观与反教权主义相结合并被意识时，他们有时会自称为"无神论者"。但是，实际上对"神圣"特别敏感，正因为此，其一边意识到由背德、冒渎所带来的颠倒的快乐和罪恶感，一边更加深入思考艺术表现。

另一方面，艺术作品的创造，完全是现世之物，受主张现世完成的某种"现世主义"影响，也有艺术家采取了无神论的立场。他们否定"超越"。最美之物不会在永恒中出现，美丽之物一点也不会与生命相分离。并且，生命就是会死之物。多数人关于美会持有某种不灭的观念，多会将神当作真善美的担保。但是，所谓美，并非是"神圣不可侵犯"这个观念之物，而且这个观念对于说明美的多样性或生成消亡来说也过于单纯。

该现世主义，有时也会趋向个人的美学而非普遍的美。

西洋近代的艺术，从宗教艺术的框架中被"解放"以后，整体而言，与世上的无神论同样地逐渐发展起来。也就是说，对于神之死，服丧、沉湎于怀念，通过自己持续创造以成为神的替代。也有存在那种积极地去弒神、试图夺取绝对创造者之地位的隐藏的欲求的情况。但是，无论是哪个，如西洋近代那样，都是以成为拯救所有的人的普遍宗教的替代物的普遍主义为前提。如同受到东方影响的秘仪主义、进行人的精神的原型研究的心理学、比较神话学或人类学认为所有的人类有着超越于文化差异而存在的象征或神圣的观念那样，艺术家们也相信存在着能够感动所有的人的美。但是，有个人主义的无神论认为将人的无意识的世界或在神话的底层所流淌的世界看成是"普遍的"观点，不过是由来于"普遍宗教"的神话。基·朗德鲁和克里斯蒂安·金贝将荣格与伊利亚德评论为蒙昧主义的最恶劣的人物。从宗教中解放出来的艺术，并非是人类共同的象征的代言人。而是对特别的个人的差异性的表明，在这里存在的无论怎么样不过是个人的"神圣"。

艺术家们一般反对将人看作与"神圣"相分离、仅以社会的环境、动物的条件加以规定的存在，反对像心理学或生理学那样将人看作科学研究对象的结构的整体。在这个意义上，也许可以说，西洋近现代的艺术家们意想不到地在同基督教阵营进行着相同的战斗。他们并没有放弃"神圣"的概念。他们有时好战地想要排除的是作为政治势力的"神圣"。

圣性的心理表象是敬意与欲望、恐惧的掺杂物。圣性常常具有引力、危险、珍贵并令人忌避的两面性。对于青年们来说，其与父母的权威、社会的约束、道德的硬性要求结合在一起。在法国，作为社会中面向"妇女儿童"的通过仪式的教育性的基督教根深蒂固。以学生们为中心的 1968 年 5 月革命的口号之一是"神圣是敌人"。这是对圣性这个高贵的概念常常被政治或意识形态所利用的历史进行揭发的表现。冒渎神圣与禁忌言行的解除成为自由与解放的象征，甚至成为现代美术一个题目。

即使如此，艺术领域的冒渎的表现，在今天，也经常会受到教会的劝告或遭到宗教原教旨主义团体的攻击。在法国，公共空间的非宗教色彩与禁止表示宗教立场的政教分离原则扎下了根，天主教会也取得了在其中共存的平衡，而在法国以外的欧洲，与对基督教的冒渎相关的禁忌的言行的问题，即使在现代，仍然存在着。艺术表现方面的真正的解放与自由，只存在于与无神论斗争的同时一点点获得的场合，而且该动态的平衡经常包含着紧张感。问题在于未经历过上述这样与无神论间非常激烈的纠葛的伊斯兰教文化的传入，如果是罗马教皇或耶稣基督则会平静地给予接受的漫画式表现，在伊斯兰教圣人那里则不通用。对于欧洲的基督教社会于数世纪间展开与偶像崇拜和无神论的有时是壮烈的、诚实的、过于人性的斗争之后，所终于达到了一定的妥协点的政教分离的空间来说，这是新的危机，是一种迫使其进行新的普遍主义考察的状况。

像日本那样一点点地失去了共同体和传统宗教之后所诞生的没有近代的后现代的解构社会中，这样的情况则不明显。因为日本的"宽容"常常不过是由"不关心"这种没有连带责任的个人主义所导致的"无宗教"所支持的表面上的政教分离。在该政教分离之下，民族主义的歧视性言论、对弱者的抛弃、极端宗教团体的跋扈"自由"地蠕动着。在现代世界，艺术的场合也许会被认为是国际的自由空间，但是拜金主义的偶像、消极主义的自主限制的影子、将艺术与艺术家当作消费品的非人性的体系，则妨碍着创造与创造者，并准备着将其拉入地狱。

朴素的存在主义与对神的存在的疑问

"神存在吗？"这个问题有着各种层次。从中世纪以来，到数学家格奥尔格·康托尔（1884 年～ 1918 年）、库尔特·哥德尔（1906 年～ 1978 年）为止，进行了各种各样的通过不存在逻辑学的矛盾来证明神的存在或非存在的所谓技术性的尝试。哲学的省察是当然的事情。这样的理智的神的存在议论中，也存在着所谓朴素的存在主义这样的单纯之物。也就是说，对于某人来说能够看得到的和接触得到的事物给人以能够接受其存在的真实感觉。自古以来，一般的见神者被权威者讯问时，会被讯问"真的见到了吗""真的听到了吗"这样的问题，进而，会将见神者"没有撒谎吗"当作问题。即使不是谎言，也要在确认不是幻觉、妄想，以及在确认身心健康状态、证言足以为信之后，进而再确认"证言"的内容与该文化或宗教所通用的圣性或神是否拥有整合性。这样，即使感知到神一事获得了证据，这也是原本存在"神虽看不见，但存在于某处"的共识的场合。即使没有神的声音或样子，因出现诸如疑难疾病的突然治愈、激烈的气象变化等各种"征兆＝奇迹"，间接地使怀疑"神的存在"者接受神的实际存在的轶事则不胜枚举。

通过这样朴素的存在主义所进行的"真实地感觉神的存在"的尝试，作为与神学的、逻辑学的、哲学的或数学的尝试不同的潮流，在任何时代，都并行地被进行着。不过，所谓的"近代科学的思考"诞生之后，朴素的存在主义也逐渐地被动摇了其根基，失去了意义。因为在此之前人们通过真实感觉所确信的各种各样的事情，例如，地球是平的、太阳升起和降落等，已经明确并非是"科学的真实"，这已经成为"一般人的常识"。世界与朴素的真实感觉并非一致。要想相信之前"自己"所感知的事情、知觉的事情是真实的，就要求具有对于任何人的视角来说的任何水平上的整合性。这已经不是一个见神者所证言的关于神的体验是否具有神学上的整合性这样的层次，而即使在该场合的所有的人都相信看到了"奇迹"，但仅凭借该点，科学的真实还是不能成立。

不仅如此，随着对人的知觉体系的研究的进展，知觉与实际存在之间的关系本身发生着变化。因为颜色、味道、声音、气味，经过人的大脑的处理才会"存在"。不能因为存在物质的块儿、从其挥发着分子就可以说"气味存在"，也不能再因为空气或地面的震动而说"声音存在"。那种认为气味、声音、色彩、味道与对此知觉的人的存在无关系地存在着的看法，即使看起来自然，实际上并不正确。例如，欣赏玫瑰的人，会朴素地认为玫瑰有着好的香味，有着美丽的颜色，但实际上无论是玫瑰的香味还是颜色，离开了人的知觉器官和大脑的机能的话，并不是在外界"实际存在"之物。这与例如人被玫瑰刺刺伤了手指时，虽然感觉到"疼"，但"疼痛"并不是内在于玫瑰刺之中是同样的道理。另外，即使认识到了气味、声音、疼痛，也无法说明是如何理解上述气味、声音、疼痛的这个主观的内容。

关于见神者对神的存在的知觉与认识也是一样。对于人而言，"某物存在着"一事是通过人的感觉接受细胞将物理的刺激转换为生物体的电的信号来捕捉到的，即使这样捕捉到"神"，该实际感觉的量和质的测量也是不可能的。实际上，即使脑科学已经发达，例如"心"是什么样的东西？还是无法用科学的语言来进行表达。大脑的活动是心的生成的"必要条件"，但关于其是否是"充分条件"，则既无证据也无理论。

对世界进行分解、发现规律并试图使之单纯化的科学，伴随着其发展，明确了世界绝不是由单纯的协调或简单的秩序所构成。科学的对象，并不是被从整体分开、切割之物，而是常常为由各种各样的要素复合地相互作用的"复杂"的世界。即使如此，为了弄清这个世界，作为科学的铁则，要求在正确的时间着手正确的问题，将该问题设定在正确的水平上进行提问。

在关于科学研究的铁则的共识之下，即使神学家、哲学家、逻辑学家、数学家在今天也时时老调重提"神存在吗"这个疑问，但关于其是否是在正确的时间所发出的正确的提问，也已经很难得到共识了。况且，也不清楚该问题应该设定的正确水平。神的存在论，现在已经失去了朴素的存在论这个古典的存在场所。神在不被问及其"存在的根据"、"存在的证明"的情况下，在意识形态、政治、权力、精神控制体系的脉络下被华丽地提出和利用。另一方面，在一如既往的存在场所——"心"或信仰之中，神是如何继续存在的这个问题，与可感受的特质一样，还是任何人都无法测量的。

人文主义无神论者的新的可能性

　　基督教与人文主义从其根底来讲绝不是对立之物。人类中心主义的基础是，人是"按照神的样子"被创造出来并居于其他被创造物之上的这个"创世纪"神话，神的面前平等的思想以及神赋予人自由意志的看法，也对人文主义产生巨大影响。

　　但是，在近现代的基督教世界，人文主义被等同于无神论，多处于神与人相对立的图式中。因为人文主义占据了基督教的替代宗教的位置。特蕾莎修女（1910 年 ~ 1997 年）在颂扬人道活动时，厌恶着该"人道主义"词汇。在她的心里，也许因为其有着与基督教对立的微妙含义。在开罗的贫民窟地区与特蕾莎同样一直为贫苦人们服务的以马内利修女（1908 年 ~ 2008 年），当被问及如何看待无神论者时，回答说："无神论者对人而不是对神感兴趣是好事，爱人的人都是神的孩子。"团结和热爱邻人，使得无神论人文主义与基督教相并存。

　　即使在被称为"后现代"的现今时代，在法国，存在着一群以人文主义无神论者的立场继续发言的知识分子。他们中的很多为1968 年那一代人，其特征是彻底的基督教的基本教养。多数法国人对将基督教作为冠婚葬祭的家庭宗教不关心和对无教养并不抱疑问的状况下，"无神论者"们并未放松对应该作为否定之敌的神或宗教的研究。

自由思想者、对天主教采取挑衅性言行的文学家菲利普·索莱尔斯（1936 年～）虽然接受了天主教教育，但被天主教学校所开除。其对法国教会有着反抗，但在意大利则喜欢教会朝圣，还喜欢典礼，属于边界性的自由思想者。

菲利普·索莱尔斯的妻子、精神分析学家朱丽娅·克里斯特瓦（1941 年～）将自己称为"无神论哲学家"，但却就天主教神秘主义的女性的谱系出版了大量的研究书籍。她父亲在冷战下的罗马尼亚，出于对无神论的共产主义的反抗以及审美方面的理由保持着东正教的信仰，朱丽娅·克里斯特瓦本人作为精神分析医生则认为宗教是人与他人之间的关系性的符号化，她并不隐瞒对基督教的同情而与之共处。她所拒绝的是伴随着虚无主义的无神论，以尊重、团结他人、支援弱者为内容的基督教精神在被非宗教化之后直接保留在她那里。

贝纳昂黎·雷维（1948 年～）在 1979 年的《神的遗言》中所阐述的见解也带有着两面性。他称，20 世纪的极权主义与纳粹大屠杀等的非人类的巨大罪恶并不是因为 20 世纪无神论的缘故。它不是因为无神论而是因为回归了古代异教的结果。在极权主义的德国，衰落的基督教社会中被注入了古代雅利安人的神话。正是这个新的异教，成为接连不断地拼命树立国家、党、自然、人种等偶像的元凶。为了打破这些偶像，今天应该做的是，重新建立禁止偶像的一神教（雷维特指犹太教）。这并非是狂热的信仰。如果就基督教进行评价的话，没有什么文献像《圣经》那样赞扬宽容和普遍主义、法、权利、对世俗的权力者的不服从、对压迫的反抗，以及宣传永恒的反法西斯的精神。也就是说，他特意停止依赖于将基督教非宗教化的哲学，而是建议将基督教的文献作为思想书籍重新阅读。

但是，因为对 1981 年建立的密特朗社会主义政权抱着膨胀化期待的当时的法国多数知识分子身上，还残留着"神 =《圣经》= 保守反动"这个教条主义印痕，所以，雷维被贴上了"保守"的哗众取宠的标签。在他身上，以雅克·德里达（1930 年 ~ 2004 年）为中心的后现代思想所带来的结构的转换与列维纳斯带来的塔木德思想（塔木德是研究的意思，依据于收录了摩西所传的"口传律法"的犹太教圣典）的影响的色彩浓厚，但由于其借媒体发挥挑衅性的"创意"而树立了众多的敌人。他批判法国式的普遍主义的人文主义、将萨特的存在主义看作为反人文主义、表明亲美立场等，将自己陷入赞成和反对的漩涡之中，但同时又始终坚持了规避法西斯主义与独善主义的态度。

哲学家安德烈·孔特·斯蓬维尔（1952 年 ~）也自称为"无神论者"，与朱丽娅·克里斯特瓦同样，在基督教对话场合经常探讨"团结"的可能性。其是一边立足于人文主义与斯宾诺莎思想，一边对佛教思想也进行关心的类型的代表。佛教被认为是未树立起超越的"无神论"。对基督教感到失望的知识分子们对倡导拯救所有的人的普遍宗教也可以是无神论一事抱有着兴趣。经历了 19 世纪以来的对秘传的东方进行关心的时代之后，真正开始了对佛教的理智的研究。

孔特·斯蓬维尔于 2004 年在巴黎与神学家菲利普·卡培尔一起参加了题为"神还存在吗"的公开讨论。今天的法国，也仍然有像米歇尔·翁弗雷（1959～）那样的仍然主张 19 世纪风格的过去的好战的无神论的哲学家，这倒不如说是美国式的，孔特·斯蓬维尔的立场则属非常法国式的。

在讨论的现场，卡培尔进行了如下的叙述。神的存在、非存在只对因此生活方式会发生变化的人来说成为问题。信仰告白是寻求希望的智慧与理性的行为。关于神的言论，有黑格尔、英国的怀海德（1861 年～1947 年）等人的哲学性言论、以信仰为条件的启示性言论以及宗教哲学三种类型。卡培尔称自己如犹斯丁那样对于罗马的诸神来说是无神论者，既不相信启蒙时代的理神论的神，也不相信征服之神或复仇之神，即不相信绝对价值之神、进步主义之神、社会和政治构筑原理中所运用的神。他所相信的神是使他改变的作为爱的关系性的神。作为基督教的批判，信徒的言行遭到批判的情况很多，意识形态机关的劣化不仅是教会，法国大革命以及马克思主义也一样。那种认为如果神是存在的，那么允许恶的存在就是奇怪的议论，也是神人同型同性说所带来的误解。第一，人们如此面对恶时，那种认为其是不正当的"心"所处的立场正显示了神。恶是人们选择的一个结果，神与人的关系属自由的相互契约。教条的无神论并不是"无"神论，而是"反"神论、"嫌"神论。与神的相遇属于无偿的事件，在于将所有的存在如孩子那样敞开。"神是存在的"的断言的实质，依照的是进行该断言之人的实质。从内心中渴望神的人，并不是如攒金币那样真实积蓄的人，也不是为了描绘完美的画而持续反复绘画的画家，倒不如说是像游泳的人。为了在大洋的中间保持漂浮，不断地分开波浪，并被波浪所支撑着，其是知道如果停留在那里就一定会沉下去而游着的人。

对此，孔特·斯蓬维尔称，因为自己并不是教条的无神论者，所以，没有反对不存在的事物的理由，也不会对相信的人表示焦急。梦想无限的爱可以形成共鸣，但梦想未必就因此而实际存在。自己并不"知道"神不存在，只不过是"觉得"不存在。但是，哲学本身所考虑的要比所知道的更先一步。无神论不是知识，而是"信"。自己不相信神的理由有若干个。

首先，对证明不能认可。对神将人是否相信神看作是人的自由一事也不能理解。无知成为自由的条件，而无法宣布自己的存在的神则变得不自由。父神的想法也难以接受。自己有着三个孩子，他们是否服从自己、尊敬自己、爱自己，那是他们的自由，但如果他们不知道我的存在的话，就难办了。另外，帮助他们获得自由也是自己的任务。隐藏起了其样子的神，不能被认为是"父亲"。

如伏尔泰所述"如果神是按照自己的样子创造了我们，我们也将同样的事情返还给了神"，神成为与人同型的无知的避难所。如果世界上的恶的存在是完全自由的，那么善恶的比例会相互较量，可是恶人数量明显要多于圣人是什么原因呢？帕斯卡称神是不公平的，但认为神不存在是对的吗？唯物论是厌恶人类的特效药。如果人只是动物的话，不去对其憎恶或轻蔑也没问题。但作为被赋予了神性者，人过于愚蠢。无神论是承认人的愚蠢的一种谦逊。

即使如此，仍有人相信神，这是因为从人的欲求派生出了幻想。正如斯宾诺莎所言："我们有很容易相信自己所期待之物的性格倾向，而对自己恐惧之物则很难相信。"自己不相信，是因为没有足以相信的理由，还因为想诚实地去面对人的罪恶与悲惨。

要想相信神，就必须知道神是什么。当被记者问及是否相信神时，爱因斯坦回答道："请说明关于神你了解什么，然后再谈是相信还是不相信。"19 世纪法国的哲学家朱尔斯·莱奎尔（1814 年～1862 年）称："如果相信拥有真实，就必须了解自己所相信之物。不能相信才说了解。"

在讨论的最后，孔特·斯蓬维尔引用了认为因为耶稣是神子，所以不必信仰和期望、只有爱的托马斯·阿奎那的语言，做出结论说："我们模仿耶稣，只要以爱为榜样就好。"

孔特·斯蓬维尔的看法是在说无论是基督教还是无神论，实际上是处于同样的"信"的范畴。

在基督教内部，也存在这样一种动向，即感觉到基督教本身起源于古代社会的启蒙斗争，其在认为无论是信神者还是不信神者，都是持有着同样的欲求、需要、疑问而分裂为肯定和否定的这种认识之下，与无神论的观点产生共鸣。巴黎的牧师、神学教授安托万·鸠葛内姆在《神的存在证明》中叙述说："无论如何否定过度，在信仰的言辞方面，并非无用之物。"而精神分析学家莫里斯·倍雷神父在《谁都没看见神》中叙述说，人在进行相互倾听的合作中，因为出现了作为无限的人，所以，其并非是以善或真实等名目可以把握之物。

这样，我们大概可以知道，持续了长达数世纪的长期的激烈对立之后，基督教与人文主义、信仰与无神论之间，仍然没有划出明确的界限。实际上，在法国现代思想界，在人文主义与无神论、现代与后现代等的定义上未达成意见一致，就是因为上述各者都有着在与基督教的纠葛的同时在斗争中被培养起来的这样一种历史的创伤。在此之上又加上了 20 世纪的法西斯主义的心理创伤。并且，也许是因为在欧洲知识分子的普遍主义和问题意识的深处，横亘着怎么样都抹不掉的欧洲中心主义的缘故，不断有着对"统一理论"的期待。很多思想家，意想不到地成为自己的思想的"开山祖"。

那么，为了不被人文主义、无神论、基督教体制、法西斯主义，也为了不被卷入悲观主义的黑暗和相对主义的迷雾之中，到底怎么做才好呢？或陷入尼采那样的疯癫之中，或停留于神秘主义的忘我状态或冥想的世界，或化为消费经济的机器人而停止思考，或成为特定思想家的"信徒"，或只在实际的服务活动中奉献人生，或在修行、运动中过度使用身体而仅以自我改造为目标或只专心致志于自己或家庭的生存，大概有着各种各样的场合，对其进行列举并非本文的目的。

这里，最后介绍一下以独特的方法从与无神论和人文主义、基督教的纠葛中脱离出来，构建了独自的世界的捷克的哲学家拉迪斯拉夫·库里玛（1878 年～ 1928）的一个例子。在纳入社会主义体制之前的捷克是处于哈布斯堡家族统治下的天主教国家，但 15 世纪以来可以称之为新教先驱的胡斯派的影响强烈，与罗马教皇权之间保持着心理上的距离。该不愉快潜在地存在，有着尼采的虚无主义的不良影响。在这样的捷克，库里玛既没有与神相遇的重归信仰的体验，也没有无神论的觉醒，而是在 34 岁的某日突然获得"自己是神"的启示，并以此为基础构建了"独我论"哲学。因为并未在自己与他人或环境之间设立区别，所以，他既与"独善主义"或"自我中心"主义不同，也不是"人类中心主义"。他并未在自己之外树立"超越"的神，在这个意义上他属无神论，但他将自己视为神，该神又具有基督教之神的形象，所以最终还是有神论。在"独我论"中，多属于认为世界全都是自己头脑中的幻想或自己的创造物，当自己死亡时，世界也会毁灭的类型，而库里玛的"独我论"认为自己与世界同为神的整体。其通常是由"原初意志"所唤醒的活动。自己是神，在神之中可以绝对自由地看到他人的一切。

因为库里玛的"独我论"在最终为普遍主义的同时也是一种孤独的思想，所以，在社会主义一党体制中也是危险思想，其著作在冷战时成为禁书，现在终于正被重新认识。在不得不承认世界多样性的后现代时代，库里玛的思想否定与他人或环境的权力关系，也许成为为保持既不陷入偶像崇拜又不陷入虚无主义的极限的平衡的新颖的智慧。

我与无神论

最后说一下我自己的立场。本书是介绍无神论的谱系及其诸种形态之书，是为了向与基督教没有太深关系的众多日本人提供一个以基督教无神论的立场重新认识近现代价值观的含义的机会而构思出来的。

本书并不是完整的思想史、哲学史、宗教史，也没有深入和其他宗教的无神论表现进行比较。本书所挑选出来的是，我们这150年间，对作为大致的标准不得不接受的"西洋近现代"诸理念的形成上，被认为具有重大意义的"基督教无神论"表现的诸多例子。各个思想家在其一生之中当然也有着思想的变迁或发展，而且有时会说些正反两方向的内容，所以，并不想单单以本书的目的和脉络中所任意引用的部分来解释其思想。只是期待着能对有关所提及的各个时代、思想、思想家方面的专家们分别或多或少有所启示。

本书并非是研究专著，而是我所传达的信息。

出身于日本非基督教家庭、未曾经历过战争或灾害的我，此前从未有过被迫切地请求神佛的心情所驱使的经历，也没有像德库安或弗罗萨德那样遭受电击般地实际感受到神的存在，也没有实际感受过失去神。尼采的那句"神死了"的悲痛的语言也不过是个语言而已。所以，未曾认为过自己是个"无神论者"，也未感觉自己是"偶像崇拜者"。

数年前，我在巴黎有个担当"法文福音书"课程翻译的机会。这并非是基督教的学习会，而且学生也基本是"普通"的日本人。学生中有一位年轻的女性突然问道："老师，相信神的存在吗"，让我不知所措。这是个意想不到的问题。当时想到只能坦率地进行回答，所以，我说："神是否存在这个问题从未成为我思考的对象，如果神判断确信神的存在对我来说是必要的话，那么那一时刻就会到来，所以没有留意。"

现在凝视着基督教、人文主义以及无神论的历史，让我重新意识到的是，无论给人的信仰或宗教起什么样的名字，无论怎么样运转抽象的思维，确实存在着能让我觉得正确的事情。我现在凝视着家里的三只猫，它们只会睡和吃，没有狗那样的忠诚和有用，但我仍然被唤醒了想要去守护它们的自由和安全的想法，无法忍受那种以无缘由的恶意去虐待或杀害小动物的行为。"保护比自己弱小的东西的自由与安全"的这种欲望，也许是作为保存的生存战略，经过自然选择所遗留下来之物。如果大多数人没有这样的想法，我也无法存在，而现在，正是从过去到现在所持续的多数人的该种想法的累积的结果，我才能因此享受着大致的自由与安全。我一边感谢着这些，一边希望将该想法传递给自己的周围或下一代。但是，很多人的自由和安全都得不到保障。包括这些人在内，为了扩大"对自由与安全的守护"，我确信唯一的方法就是与拥有同样想法的其他人进行联合。

为了让我有这个确信，如果神有必要显现，那么其就会显现吧。无论是以上帝之名出现，还是以人文主义之名出现，抑或以无神论之名出现，"为保护比自己弱小之物的自由与完全而联合起来"的人们都是朋友。以前，受秘传的观点或神秘主义的影响，无论是什么文化或宗教，回溯过去或无意识状态，应该会达到普遍的共同的象征，通过共同拥有这些，可以期待找到通往相互理解和联合的道路，而现在则相反。无论从什么样的文化或宗教出发，不管是否有神，通过关心比自己处于相对弱小状态的人，有意识地相互分享守护自由与安全的意志，将大的命运的潮流连接起来，这对于已经处于该潮流之中的所有人来说，可以被认为是重要的使命。

虽说如此，因为本书对从强大的天主教会的束缚下建立脱宗教的"近代"欧洲人的怀疑与绝望以及激烈辩论，进行了长篇幅的探索，所以，大概会不会被认为因为接触有毒成分而成为无神论者啊？未必如此。恰恰相反。生于对犹太人大屠杀日益逼近的时代，并死于奥斯维辛集中营的伊迪·赫蕾桑（1914 年～1943 年）在这个怨恨和绝望蔓延的世界，第一次感受到神在身边。伊迪出于周围是诅咒着神在巨大的罪恶面前无力的人们，便断言道："因为神没有住处，所以我要将神隐藏在自己心中最好的一块地方。"

我充分享受到了西洋近代文明的科学技术发展的恩惠，也充分享受到了自由平等思想的恩惠。通过观察在其诞生过程中处于战斗中的"有神"与"没有神"之间混乱的历史，我深切地感觉到先辈们"辛苦"。神可以不去证明自己的存在，为了不被在神的名义下对人的支配所驱使，我想去守护自由与安全。

就要进入一个人可以在自己心中的一隅打开神可以信赖人的空间的时代，不是很不错吗？如果是这样，将《无神论》公之于众，会成为我的信仰告白吧。

后记

　　在日本出生成长期间，在生活中几乎与基督教的东西无缘的我，住到法国之后，则接触到基督教的各种民间传承，产生了非常大的兴趣。因为成为日本近代样板的欧洲，到处遗留有带有前近代的、当地风俗的甚至是释放着前基督教的异教味道的场所及其体系。

　　好好思考的话，日本的近代化提出了"和魂洋才"的说法，回避了与宗教的对立，而对于欧洲来说的近代化的道路，则充满着不得不否定基督教的异常痛苦的"无魂洋才"式的心里迷茫。近代欧洲的人们虽然将基督教普遍主义世俗化，辛苦地凝练出没有神的"洋魂"，但被从神殿中放逐的神或诸神们，或改变着形态或采取返祖的形式，被遗留于各处。近代，虽成功地将自由的个人从神那里解放了出来，但并未着手将诸神从人们的思想中解放出来。

　　无论是近代化过程中幸存的诸神的残渣，还是进化着的基督教的形态，抑或古老宗教所提供的智慧或风景，对我来说都是新鲜的，在这之前我写作了《巴黎的玛利亚》、《圣女传》、《罗马教皇》、《巴洛克的圣女》、《知识教科书基督教》、《圣母玛利亚》、《"软弱的父亲"约瑟》、《圣女的条件》等等关于基督教的各种各样的书籍。这些著作都将极其普通的日本人设想为读者，虽然也有来自于知识好奇心的反应，但几乎没有对因信仰的语言所带来的不相容感的表达，也没有人就我的信仰立场进行追问。不过，在法国则不同。知道我对圣人传、圣遗物、奇迹故事进行着热心调查的法国人，有一半左右会对此觉得感兴趣并倾其知识，另一半则会感到震惊，明显表示出忌讳反应。其典型类型是地方的耶稣会系统的接受过中等教育的资产阶级家庭的精英，获得学士学位后攻读哲学，成为高中哲学老师那样的人。

对于这样的人来说，我所调查的题目是其想遗忘的过去、其所抛弃的蒙昧，几乎已经成为避讳的事物。对于他们而言，接受过高等教育的人对那样的事情感兴趣实在是不可能的事情。在日本也很有名气的精英学校——法国巴黎高等师范学院，属师范学校，继承着法国革命以来作为世俗共和主义根据地的公共教育的理想。并且，在那里存在着法国革命以来的等式——"知识分子＝左翼＝无神论者"。这里的无神论，并非是不关心，而是属于甚至接近于意识形态之物。对于众多知识分子左翼来说的对无神论的追求，甚至可以说是看不见的宗教，有时是原教旨主义的、好战的。这与成长于世世代代的天主教家庭的大多数人将基督教作为与冠婚葬祭相关的地方宗教而悠闲自在地生活形成了鲜明对比。

一旦意识到这点，欧洲近现代的思想或历史所意味的事情以及与未经历这样的纠葛而建立了神之国度的美国之间的不同，在不同的光线下显现出来。基督教本身也多会通过基督教无神论这个对着照的镜子而初次清晰地立体地呈现出来。

在现代世界，经济的南北差距与宗教原教旨主义的问题以及独裁国家信教自由的问题成为迫切的课题。在日本或法国，有着近代化的后遗症，未必能够顺利地应对这些问题。所谓的后遗症，在日本指"宗教归属心的逐渐淡薄"，在法国指"无神论者们长期的激烈的战斗带来的战祸"，呈现为完全对照性的症状。如果把握不了这种状况，那么无论是关于法国，还是关于基督教、关于现代的全球化世界的危机，日本人的认识中大概都会遗失非常关键的部分。

本书，就是为了试图提供一个从反面观察在这之前所介绍的基督教精神的相互对着照的镜子。从无神论的立场来反观思想史，是刺激性的，多会陷入隘路之中，操作也难以取得进展。这姑且为最初的提问。在这里，对赞同我的计划并与我交往的中央公论新社的登张，衷心地表示感谢。

同时也感谢神。

"如果我们像仆人爱主人那样爱神，神也许会如同按照工作来支付酬劳的主人一样爱我们，但不会向我们吐露秘密。秘密只会向朋友坦率吐露，因为与朋友成为一体。与主人则成为不了一体。"

——锡耶那的圣女加大利纳（1347 ～ 1380 年）

《神的慈爱 I-3》